자유와 연대

FREEDOM & SOLIDARITY

자유와 연대

윤 정부가 가는 길

하종대 지음

글통

책을 펴내며

윤석열 대통령의 가장 큰 특징은 정책을 말하기에 앞서 꼭 자신의 국정 철학을 피력한다는 점이다. 취임사나 기념사, 축사는 물론 업무보고를 받을 때도 국정 철학이 줄줄 나온다. 대학 시절부터 인문학에 해박한 지식을 가진 게 바탕이 됐을 것이다. 그러나 언제 어디서 어느 주제든 자신의 철학을 30분 이상 술술 풀어놓기는 쉽지 않다.

그래서인지 2021년 6월 29일 서울 '매헌 윤봉길 의사 기념관'에서 읽은 '정치 참여 및 대선 출마 선언문'은 이틀간 집에서 직접 펜대를 들고 썼다고 한다. 검찰총장 퇴임사나 대선후보 수락 연설문도 모두 직접 썼다. 심지어 대통령 취임사도 16명의 취임사 준비위원회 위원들이 한 달 남짓 연구해 초안을 마련했지만, 마음에 내키지 않자 즉석에서 평소 갖고 있던 국정 철학과 구상을 30분간 구술한 뒤 다듬는 과정을 거쳐 작성했다. 그만큼 윤 대통령의 머릿속에는 자신의 국정 철학을 언제 누가 물어봐도 술술 얘기할 만큼 정리가 돼 있다. 정치에 뛰어든 기간은 매우 짧았지만, 국가 운영을 위한 철학과 비전은 검사 시절부터 오랜 기간 숙성해왔음을 엿볼 수 있는 대목이다.

주요 연설문 직접 펜대 잡고 써

윤석열 대통령이 곧 취임 2주년을 맞는다. 새로운 정부가 들어선 지 1년 반 대한민국 정부의 핵심 정책은 크게 바뀌었다. 오히려 바뀌지 않은 게 없을 정도라고 해도 과언이 아닐 정도다. '북한의 비핵화 쇼'에 놀아난 전임 정권의 대북(對北) 정책은 '실질적 비핵화'를 조건으로 한 '담대한 구상'으로 바뀌었다. 문 전 대통령의 탈(脫)원전 정책은 윤석열 정부 들어 공식 폐기됐다. 정치적 이득이 없다는 이유로 역대 정권에서 외면했던 노동·연금·교육 3대 분야 개혁이 공식 착수됐고, 문재인 정부 시절 갈등으로 점철된 미국, 중국, 일본과의 외교는 '보편적 가치'와 '실리'라는 2개의 키워드가 핵심 기준으로 자리를 잡았다.

'뚝심의 정책', 출발점은 국정 철학

윤석열 정부의 정책은 옳은 길이라면 여론의 역풍이 예상되더라도 추진된다는 점이다. 설령 현재 여론이 불리하더라도 국가의 장기적 이익을 고려할 때 필요하다면 윤석열 대통령은 눈 딱 감고 추진한다. 노동·연금·교육 등 3대 개혁이나 일제 강점기 징용 문제를 둘러싼 해법이 이에 해당한다. 이는 과거 역대 정부와 크게 다른 점이다. 과거 역대 대통령들은 설령 공약(公約)으로 내세웠더라도 여론의 역풍이 예상되면 언제 그랬냐는 듯이 바로 공약(空約)으로 날려버렸다.

이처럼 역풍이 예상되는 데도 공약을 밀고 나가는 뚝심은 윤석열 대통령의 철학에서 나온다. 정치 입문 1년도 채 안 돼 대통령에 당선된 윤석열 대통령의 정치 철학은 대통령에 당선되기까지 알려질 기회가 별로 없었다. 선거 때는 '공정'과 '상식'이라는 2개의 키워드로 알려지기도 했지만, 윤석열 대통령 후보자의 철학이 구체적으로 제시된 적은 없었다. 재깍재깍 다가오는 선거 일정과 각종 행사에 따른 즉자적 대응에도 여념이 없었기 때문이다.

이런 윤석열 대통령의 국정 철학이 구체적으로 드러나기 시작한 것은 취임사부터다. 윤 대통령은 2022년 5월 10일 서울 여의도 국회의사당 잔디밭에서 열린 취임식에서 "자유민주주의와 시장경제 체제를 기반으로 '국민이 진정한 주인인 나라'를 재건하고, 국제 사회에서 책임과 역할을 다하는 나라로 만들겠다"고 강조했다. 대한민국 민주주의가 위기에 처했음을 설파하며, 합리주의와 지성주의 대신 한국 사회를 휩쓸고 있는 반(反)지성주의가 가장 큰 원인임을 지적했다. 보편적 가치인 자유의 확대가 번영과 풍요, 경제적 성장을 가져올 것임을 강조하며, 자유가 유린되거나 '자유 시민'이 되는 데 필요한 조건을 충족하지 못한 사람이 있다면 모든 '자유 시민'이 연대해 도와야 한다고 역설했다. 윤 대통령은 "지나친 양극화와 사회 갈등이 자유와 민주주의를 위협할 뿐 아니라 사회 발전의 발목을 잡고 있다"며 "과학과 기술, 혁신에 의한 도약과 급속한 성장만이 양극화와 갈등의 근원을 제거할 수 있다"고 말했다. "북한이 핵 개발을 중단하고 실질적인 비핵화로 전환한다면 북한 주민의 삶을 획기적으로 개선할 수 있는 '담대한 계획'을 준비하겠다"는 뜻도 밝혔다. 한마디로 자유, 인권, 공정, 연대의 가치를 기반으로 국민이 진정한 주인인 나라, 국제 사회에서 책임을 다하고 존경받는 나라를 반드시 만들어가겠다는 대국민 약속이었다.

여기서 등장하는 '국민이 진정한 주인인 나라'나 '자유 시민', '연대'

등은 얼핏 보면 쉬운 일반용어처럼 보인다. 하지만 윤석열 대통령이 연설문에서 사용할 때는 일반용어와 다른 '특수한 함의'가 함께 포함된 경우가 적지 않다. 따라서 이를 정확하게 이해하기 위해서는 용어의 선택 배경과 함의 등을 명확하게 알 필요가 있다. 이 책은 독자들에게 이런 도움을 주고자 기획됐다. 정책의 원천이자 출발점인 국정 철학을 제대로 이해할 때 윤석열 정부의 주요 정책을 분명하게 이해할수 있을 뿐 아니라 서로 다른 정책의 상호 연관성도 파악할 수 있기 때문이다.

윤 대통령, 연설 때마다 철학 설파

윤 대통령은 취임 이후 기회가 있을 때마다 자신의 철학을 설파했다. 3·1절 기념사나 광복절 경축사, 국회 시정(施政)연설은 물론 각종 행사의 축사, 업무보고를 통해 국정 철학을 강조했다. 윤 대통령의 국정 철학이 드러난 주요 연설만 최근 1년 반 새 430여 회에 이른다. 외교·안보는 물론 정치, 경제, 사회, 문화, 북한, 국제에 이르기까지 다양한 분야가 언급됐다.

새 정부 출범 이후 최근까지 추진된 모든 정부 정책은 윤석열 대통령의 국정 철학과 연관돼 있다. 북한 비핵화 방안부터 탈원전 폐기, 한미일(한국-미국-일본) 협력, 약자 복지, 청년정책 등 모든 핵심 정책들이 모두 윤 대통령의 기본 국정 철학에서 나온 것들이다. 따라서 윤석열 대통령의 국정 철학은 지금까지 추진 또는 집행된 윤석열 정부의 모든 정책의 출발점이요, 기반이자, 미래 정책까지 예측해볼 수 있는 가늠

자라고 할 수 있다.

정책은 상황에 따라 변할 수 있어도 철학은 불변

　정책보다 더 중요한 게 국정 철학이다. 정책은 상황에 따라 바뀔 수도 있지만, 정책의 출발점이자 기반인 국정 철학은 쉽게 바뀌지 않는다. 특히 윤석열 대통령의 국정 철학은 평생 그가 닦아온 신념과 가치의 총결산이라는 점에서 집권 5년 내내는 물론 퇴임 이후에도 정치적 유불리를 떠나 결코 흔들리지 않을 것이다.

　따라서 새 정부의 국정 철학을 알리고, 국민과 소통하는 것은 정책을 알리는 것 못지않게 중요하다. 윤석열 대통령의 국정 철학을 책으로 펴내기로 한 것도 이 때문이다. 아무쪼록 윤석열 대통령의 국정 철학을 이해하는 데 이 책이 조금이나마 도움이 되길 바란다. 나아가 대한민국의 미래를 위해 윤 대통령의 국정 철학이 배어있는 주요 정책들이 모두 성공하길 빈다.

2023년 12월
하종대 한국정책방송원(KTV) 원장

윤석열 경

4. 외교 안보 국정 철학

"국정과 외교는 동전의 양면"
"한미동맹, 안보 동맹에서 전방위 동맹으로"-대미 외교
"현재와 과거 경쟁시키면 미래를 놓치게 될 것"-대일 외교
"강제징용 세금으로 보상, 노무현 정부 등 과거 2차례나"
"상호 존중, 국제질서 존중하면 못 지낼 이유 없다."-대중 외교

5. 경제 철학

"자유시장은 방임을 말하는 것 아니다."
"시장 교란 행위 엄정 처벌"
"인기 없더라도 먼 미래에 이익이 된다면 임기 내 개혁 추진"
"공직, 기업, 노조 부패는 척결해야 할 3대 부패"-노동 개혁
"교육 개혁 없이 양질의 일자리 제공 불가" -교육 개혁
"지속 가능한 복지제도가 빈틈없는 사회안전망 제공" -연금개혁
"부동산은 이념 문제 아니다."
"환경 문제는 산업화, 시장화로 풀어야"
"'수출 증진과 스타트업 코리아'로 경제위기 극복"

6. 사회 및 문화 철학

"'사회적 약자'를 챙기는 것이 국가의 존재 이유"
"'디지털 격차'는 소득 격차에 따른 문화 격차"

7. 역사 및 보훈 철학

"호남의 민주화 성지…이젠 경제적 성취 꽃피워야"
"'제복 입은 영웅이 존경받는 나라'를 만들어야"

부록
- 국정 철학 관련 윤석열 대통령 주요 발언 모음
- 국정 비전과 원칙, 국정 목표와 국정과제
- 윤석열 대통령 연설 일지
- 윤석열 대통령 주요 연설 전문

1부

윤 대통령이
말하는
나의 국정 철학

  윤석열 대통령의 국정 철학은 윤 대통령 자신이 가장 잘 안다. 따라서 윤 대통령이 직접 말하는 국정 철학을 알아보는 것은 매우 중요하다. 다음은 윤 대통령이 직접 토로(吐露)한 국정 철학이다. 윤 대통령은 "내 국정 철학을 알려면 내가 왜 정치를 시작했고, 현재 대한민국 사회를 어떻게 바라보는지 정확히 알아야 한다"며 장시간에 걸쳐 자신의 국정 철학을 상세히 밝혔다.

  물론 이 중 일부는 취임 이후 1년여 기간 공개된 각종 기념사, 축사, 업무보고 등에 틈틈이 배어있기는 하다. 하지만 상당수가 처음으로 공개되는 것들이다. 또 윤 대통령이 자신의 국정 철학 전반을 직접 육성으로 밝히고, 공개하는 것은 이 책이 처음이다. 혹시라도 자신의 국정 철학이 자칫 잘못 알려지거나 엉뚱하게 해석되는 것을 방지하기 위한 목적이다.

"나는 좌파, 우파도 아닌 헌법주의자"

"나는 헌법주의자입니다. 저에게는 좌파, 우파에 대한 인식 자체가 없습니다. 헌법안에는 좌파 우파, 진보 보수가 모두 들어 있습니다. 내가 '보수'라는 말을 쓸 때 '부패 세력에 대응하는 개념'이지, '진보냐, 보수냐'의 개념은 아닙니다. '진보냐, 보수냐' 하는 것은 개인을 존중하는 자유주의 내에서 나오는 것이지, 공산주의나 전체주의까지 포함하는 개념이 아닙니다. 이는 (개인을 부속품처럼 취급하는) 공산주의, 전체주의와는 완전히 다릅니다."

"'자유, 평등, 연대'는 추구해야 할 보편적 가치"

"자유, 평등, 연대는 우리가 추구해야 할 보편적 가치입니다. 제가 '자유'라는 말을 쓸 때는 이런 반(反)국가에 대한 대응 개념이지, 무슨 보수의 개념은 아닙니다. '프랑스 혁명(1789년 7월~1794년 7월)'의 3대 정신 중 하나인 '자유'라고 하는 개념은 신분제를 타파하면서 개인 하나하나를 중시하는 개념 아니겠어요? 제가 말하는 평등은 '공정한 기회'를 말하는 것입니다. '박애'는 현대사회에서 말하면 복지 개념의 '연대'를 말합니다. '공정한 기회'가 없는 자유는 공허하고, 어려운 사람을 돕고 나아가 우리의 자유를 지키기 위해 힘을 합치는 연대의 '박애' 정신은 서로 불가분의 관계를 맺고 있습니다. 저는 프랑스 혁명의 자유, 평등, 박애 정신이 성경에서 말하는 '성부, 성자, 성신'이라고 하는 '3위 일체'와 똑같이 상호연관돼 있다고 봅니다."

"복지는 자유와 연대의 결합이어야"

"복지 개념은 제2차 세계대전 이후 2가지 형태로 나타납니다. 독일에서는 국가에 대한 개인의 '최후의 권리(Last Rights)'로서 등장합니다. 반면 영미권에서는 하나의 사회 운동으로 발전합니다. 사회적으로 성공한 사람의 주도 아래 중산층도 참여해서 어려운 사람을 도와주자는 개념으로, 자유와 연대가 결합된 개념입니다. 이는 국민에게서 세금을 강제로 왕창 걷어서 정치인들이 생색내고 나눠주자는 방식과는 큰 차이가 있습니다. 우리 헌법의 복지는 인간의 존엄과 가치에서 출발합니다. 또 우리 헌법이 말하는 자유민주주의의 자유 역시 인간의 존엄과 가치가 들어간 자유입니다."

"가짜뉴스, 조작, 선동이 민주주의 위협"

"민주주의는 자유와 인권을 보장하기 위한 공동체의 '정치적 의사결정 시스템'입니다. 또 사회공동체에서 다수의 자유가 공존하는 방식이 바로 법의 지배, 즉 법치입니다. 남의 자유와 내 자유가 서로 부딪칠 때 두 사람의 자유가 조화롭게 공존하도록 하는 게 법치입니다. 법은 민주주의 의사결정 시스템인 의회주의를 통해 나옵니다. 민주주의 의사결정 시스템이 망가지면 자유와 인권도 위협받게 됩니다. 자유로운 민주주의 의사결정 시스템을 망가뜨리는 게 바로 가짜 뉴스, 조작, 선동입니다. 자유로운 여론 형성을 방해해 결국 민주주의가 위기에 처하게 만듭니다. 현재 우리나라 민주주의 선진국이나 모두 조작과 선동, 반(反) 지성주의에 의해 민주주의, 나아가 인류의 자유가 위협받고 있습니다. 이런 저의 문제의식은 내 취임사나 (2023년 3월 29일 화상으로 진행된 제2차) 민주주의 정상회의 연설문에 모두 들어 있습니다."

"선동 복지, 정치복지 아닌 약자 복지를…."

"선전 선동은 조직화, 집단화된 세력만이 줄기차게 해나갈 수 있습니다. 우리나라에서 가짜뉴스, 조작, 선동을 조직적으로 일삼는 세력이 바로 '(북한을 추종하는) 주사파 세력'입니다. 전체주의를 지향하는 이들이 바로 대한민국의 민주주의를 위협하고 있습니다. 이들 반(反)민주, 전체주의 세력에 의해 한국의 민주주의가 위협받고 있습니다. 이들은 복지도 선동 복지, 정치복지, 포퓰리즘 복지를 주장합니다. 저는 복지는 원래 자유의 개념대로 스스로 '완전한 자유인'이 되기 어려운 사람들을 '완전한 자유인'으로 만들기 위한 과정이라고 봅니다. 따라서 '정치 복지'가 아닌 '약자 복지'가 돼야 하는 것입니다."

"독립운동은 바로 자유민주주의 건국 운동"

"독립운동도 자유와 관련이 깊습니다. 일반적 자유(freedom)의 개념과 달리 우리가 일제 치하에서 독립운동을 하거나 미국이 영국의 식민 지배에서 벗어나고자 독립(Independence)운동을 하는 것은 Liberty(자유)입니다. '어떤 구속으로부터의 자유를 의미하는 것입니다. 독립운동은 일종의 건국(建國) 운동입니다. 3·1운동이나 임시정부 수립 등 많은 애국지사와 열사들이 해외에서 독립운동을 했습니다. 그럼 당시 독립운동의 지향점은 뭐였냐? 당시에 조선왕조와 같이 왕조 체제를 복원하겠다는 사람은 없었습니다. '국민이 주인인 나라'를 만들겠다는 게 독립운동가들의 생각이었습니다. 당시 러시아에서 볼셰비키 혁명이 일어난 뒤 인류에게 무슨 복음처럼 잘못 알려져 스탈린의 만행이나 공산주의가 뭔지도 제대로 모른 채 이게 바로 '국민이 주인인 나라'구나 생각한 사람도 있었습니다. 또 미국, 프랑스 등 선진 자유민주주의 국가를 보고 이런 '나라 같은 나라'를 만들겠다는 독립운동가도 있었습니다. 이들은 '자유로운 국민이 주인인 나라'를 만들려고 했습니다. 이것이 우리의 독립운동이었습니다."

"산업화, 민주화 세력 모두 건국 운동가"

"독립운동은 또 다른 측면에서 건국 운동입니다. 건국을 1919년으로 보느냐, 1948년으로 보느냐의 논쟁이 있는데 이는 의미가 없는 논쟁입니다. 우리의 독립운동은 나라가 아예 없었던 미국의 독립운동과 달리 5000년 역사를 가진 우리 민족이 일제에 실효적 주권을 빼앗겼다가 되찾는 과정으로 3·1운동과 임시정부를 거쳐 1948년에 어느 정도 완성된 것으로 봐야 합니다. 해방 이후에도 공산 세력과 맞서 싸우고 나아가 경제발전을 이룩한 산업화 세력이나 이 땅의 민주주의 확립에 기여한 민주화 세력이나 모두 건국 운동을 한 분으로 봐야 합니다. 설령 만주군관학교를 나온 사람이라 할지라도 공산 세력과 맞서 싸웠다면 말입니다. 산업화 세력이나 민주화 세력 모두 독립운동가와 같은 반열의 건국 운동가로 평가해야 한다는 것이 제 생각입니다. 나의 이런 견해는 지난해(2022년) 광복절 경축사와 올해(2023년) 3·1절 기념사에 모두 들어 있습니다."

"외교도 예측 가능성 중요…모호한 외교정책 곤란"

"저는 외교와 국내 정치를 분리하지 않고 똑같은 철학을 잣대로 갖고 있습니다. 자유와 인권, 법의 지배와 민주주의, 그리고 자유인끼리의 연대라는 개념은 내치는 물론 외교를 할 때도 똑같아야 합니다. 자유로운 나라, 보편적 가치를 추구하는 나라끼리 연대, 협력해야 합니다. 나라 안에서 '법의 지배'를 핵심 가치로 두는 것처럼 '규범에 입각한 국제질서'를 존중해야 합니다. 또 외교도 국내 정치처럼 예측 가능성이 있어야 합니다. 모호성(ambiguity)을 외교정책인 것처럼 말하면 안 됩니다. 이러면 국격이 떨어지고 상대국의 신뢰를 얻지 못합니다. 따라서 국정이나 국외 정책 모두 명확해야 합니다. 국내에서도 약자를 보호하듯이 국제 사회에서도 약소국가를 배려하고, 그들의 권익을 존중해야 합니다. 이런 이유로 내가 (2022년 9월 유엔총회와 뉴욕대(NYU)에서 '디지털 자유 시민을 위한 연대'라는 제하의 기조연설을 통해) '정보 격차(Digital Divide)'를 해소하기 위해 저개발국가에 대한 지원을 약속했던 것입니다. 지난해 '디지털 질서에 관한 뉴욕 선언'을 한 것도 그런 관점이고, 대한민국의 헌법정신을 국제 사회 및 외교정책에도 동일하게 적용하겠다는 게 제 생각입니다."

"'국민이 주인'…권리 책임 동시 질 줄 알아야"

"국민이 진정한 주인인 나라란 뭘까요? 국민이 주인인 나라는 주인이 주인답게 행동하는 나라입니다. 자기의 권리만 주장할 게 아니라 책임 질 일이 있으면 스스로 책임을 지는 나라입니다. 그래서 나라의 기틀을 바로 잡아야 합니다. 바로 이때 정신적 기틀로 삼는 것이 헌법정신입니다. 나라의 정신적 기틀을 바로잡아야 나라가 도약을 할 수 있게 됩니다. 정부가 '세금 걷어서 뭘 해주나'라고 기대하고 요구하기에 앞서 '내가 나라를 위해 뭘 할 수 있을까'를 고민해야 합니다."

"중국은 북한과 달라…못 지낼 이유 없어"

"중국은 북한과는 결이 다릅니다. 전체주의와 거리를 두고 국제 자본주의 시장에 편입돼 있습니다. 중국이 우리를 상호 존중하고 국제 규범 질서를 존중한다면 중국과는 우리가 못 지낼 아무런 이유가 없습니다. 현재 우리는 과거 지정학(Geopolitics) 갈등이 지경학(Geo-economics) 갈등으로 전화되고 있는 시대에 살고 있습니다. 국가의 이익과 전략에 미치는 지리적 영향이 군사·안보적인 측면에서 경제적 측면으로 변하고 있습니다. 경제 안보와 기술 안보가 바로 국가안보와 동일시되는 시대에 살고 있습니다. 지금 문제가 되는 반도체와 2차 전지 모두 미국이 결정권을 갖고 있습니다. 외부에서 제품 설계를 넘겨받아 반도체를 생산하는 방식 즉 파운드리(Foundry)만 전 세계에 나눠놨지, 소위 반도체 및 반도체 장비의 설계 능력은 모두 미국이 가지고 있습니다. 일본은 감광액 같은 소재와 일부 부품만 생산하고, 한국하고 대만이 주로 반도체 생산하는 방식으로 역할 분담을 하는 셈입니다. 이중 메모리 분야는 우리가, 대만은 시스템 반도체를 생산하고 있습니다. 이런 상황에서 중국이 우리와 대만 부품을 가지고 파운드리를 운영하려 합니다. 미국은 중국이 이 과정에서 미국과 그 동맹국들의 반도체 기술을 베끼려 한다고 보고, 이를 꽉 틀어막으면서 미중(美中) 갈등이 심화하는 상황입니다."

"한미일 3자 협력 없이 안보-경제 협력 불가"

"국가안보라는 것은 결국 산업과 경제력에서 나오는 겁니다. 한미일 간에 북핵에 대한 안보 협력뿐만 아니라 이런 산업과 경제력 역시 한미일 3자 협력 없이는 결코 될 수가 없습니다. 그래서 우리가 자연스럽게 자유라는 보편적 가치를 추구하는 국가끼리 강력한 연대에 의해 가야 하는 거지요. 그러니까 자유, 안보, 외교, 경제 이런 것들이 모두 연결돼있는 겁니다. 제가 취임해서 가장 먼저 말한 게 '한미동맹의 강화'와 '한일관계의 개선'이었습니다. 전임 정부에서 '한미동맹'은 '유명무실한 외교적 수사'에 불과했고, 한일관계는 완전히 파탄이 난 상태였죠. 그래서 한미동맹 강화와 한일관계 개선을 얘기한 건데 '한미일 3자' 간에는 군사 안보뿐만 아니라 글로벌 어젠더(Global Agenda)와 첨단 산업기술에 대한 협력이 절실합니다. 이를 정리하면 미국과는 '포괄적 전략적 동맹(Comprehensive Strategic Alliance)'을, 일본과는 '포괄적 전략적 협력관계(Comprehensive Strategic Partnership)'로 가지고 가겠다는 겁니다. 지금은 국제 관계를 제대로 관리하지 못하면 국내 산업은 물론 그 어떤 것도 해결할 수 없는 시대입니다. 게다가 우리나라는 대외 의존도가 세계에서 제일 높습니다. 국내 시장이 협소하죠. 따라서 세계 시장에 진출하고 무역을 통해 경제발전을 이루려면 가장 중요한 게 '국제 관계'입니다. 그래서 한미, 한일관계를 가장 중요시하는 겁니다."

"탈(脫)원전은 나라 산업을 망가뜨린 주범"

"우리 산업을 망가뜨린 주범 중 하나가 전임 정부의 탈(脫)원전이죠. 제가 이에 대해 제동을 건 뒤 원전 산업을 정상화했습니다. 또 이를 바탕으로 원전산업을 수출하고, 또 방위산업을 수출해서 산업과 수출의 물꼬를 트고 있습니다. 그런데 이 모든 것들은 원천기술을 가진 미국의 승인 없이는 불가능합니다. 모든 수출은 원천기술을 가진 국가의 승인을 받도록 돼 있습니다. 결국 경제 활성화도 한미 관계가 동맹 강화로 가지 않으면 안 되는 겁니다. 북미산 전기차에만 세제 혜택을 제공하는 미국의 '인플레이션 감축법(IRA)'이나 '반도체 산업 육성법(CHIPS Act)'에서 우리가 숨을 쉴 수 있는 공간이 생기게 된 것도 한미동맹이 정상화됐기 때문이죠. 그러지 않았다면 우리도 중국과 같은 수출 통제의 대상이 될 수도 있었을 겁니다. 이제 세계는 '경제도 국제 관계와 동기화(同期化)'된 시대가 된 겁니다."

"노조 침투한 종북 연계 세력 뿌리 뽑아야"

"3대 개혁 가운데 먼저 노동 개혁의 시급함은 노동시간의 유연성 확보에 있는 게 아닙니다. 노조에 침투한 종북 세력과 노조 폭력을 엄단하지 않으면 노동 개혁은 첫걸음도 떼기 어렵습니다. 공산주의, 전체주의 세력에 엄청나게 잠식당한 노동계의 위험성을 알리고 바로잡아야 합니다. 또 노조가 마치 무제한의 권력을 가진 것처럼 불법과 폭력을 일삼는 것을 뿌리 뽑지 않으면 안 됩니다. 노동의 유연화를 위한 입법은 다음 문제입니다. 간첩 세력과 연계된 노조의 불법 행위와 폭력을 단호하게 차단하는 게 노동 개혁의 첫째 임무입니다. 노동 개혁 없이 대한민국은 절대로 앞으로 나아갈 수 없습니다."

"대학의 학문적 카르텔 허물어야"

"연금 개혁 문제는 전부 시뮬레이션(Simulation)을 돌려서 정밀하게 계산해 처리하면 됩니다. 교육 개혁은 저출산과 관계가 있으므로 아이들의 돌봄과 교육은 부모의 개인의 책임이 아니라 국가 책임이라는 것을 (정책으로) 확실하게 해야 합니다. 디지털 격차가 심화하는 상황에서 디지털 교육을 강화해야 합니다. 대학과 같은 고등교육에서는 학과나 단과 대학 사이의 벽을 허물어야 합니다. 미래는 융합형 세상인데 소위 학과와 단과 대학 간 벽은 '학문적 카르텔'이자 '기득권 카르텔'로 학문의 발전은 물론 사회 발전을 가로막는 장애물입니다. 이런 학과의 벽을 다 부수어 우리 사회와 산업에 더 필요한 것을 배우려는 학생들과 기업의 수요에 대학이 부응할 수 있도록 해줘야 합니다. 이것이 바로 우리 산업에 필요한 대학의 인재 양성의 올바른 방향입니다."

"번영과 풍요, 경제적 성장은 자유 확대의 성과"

"자유의 가치를 정확하게 인식해야 합니다. 자유의 가치를 재발견해야 합니다. 인류 역사를 돌이켜보면 자유로운 정치적 권리, 자유로운 시장이 숨 쉬는 곳은 언제나 번영과 풍요가 꽃피었습니다. 번영과 풍요, 경제적 성장은 바로 자유 확대의 성과입니다. 자유는 보편적 가치입니다. 우리 사회 모든 구성원이 '자유 시민'이 되어야 합니다. 개인의 정치적 권리와 일정한 수준의 경제적 기초, 그리고 공정한 교육과 문화의 접근 기회가 보장돼야 '자유 시민'이 형성될 수 있습니다. 그리고 모든 사람이 '자유 시민'이 될 수 있는 그런 기회의 평등을 보장해 줘야 한다고 생각합니다."

"이상만 좇다 보면 전체주의 위험성"

"사람마다 이상사회에 대한 생각은 모두 다릅니다. 저는 이상사회를 상정하고 정치를 하면 그것 자체가 또 하나의 전체주의로 흐를 위험성이 있다고 봅니다. 그래서 저는 대통령 개인의 어떤 정치적 이상을 상정하고 대통령직을 수행하고 있지 않습니다. 그보다는 지금까지 인류 역사가 검증하고 입증한 것들을 다 제대로 섭취해서 그에 따라 국가가 운영돼야 나라가 제대로 갈 수 있습니다. 그래야 국제 사회와 함께 할 수 있습니다. 우리나라만 '독특하고 이상한 나라'가 되면 안 되는 겁니다. 모든 것을 '글로벌 스탠더드'에 맞춰야 합니다. '글로벌 스탠더드'란 평균적 스탠더드를 말하는 게 아닙니다. 세계에서 가장 잘 사는 선진국이 어떻게 하는지, 그게 바로 '글로벌 스탠더드'의 기준이 될 수 있습니다. 산업이든 외교든 이런 모든 것을 '글로벌 스탠더드'에 맞춰야 합니다. 세계의 근현대사가 경험적으로 인류에게 가르쳐준 것을 우리가 제대로 숙지해서 앞으로 나아가야 합니다. 이것이 대통령으로서 제가 해야 할 일입니다."

2부

주요 연설 통해 본 윤 대통령 국정 철학

1. 국정 전반에 대한 철학

국정 전반에 대한 대통령의 철학은 주로 취임사에 들어 있다. 취임할 때 자신의 임기 동안 나라를 이끌어갈 국정 비전과 철학은 물론 핵심 정책까지 밝히는 경우가 대부분이다. 윤석열 대통령의 경우도 마찬가지다.

윤 대통령은 2022년 5월 10일 국회의사당 앞마당에서 열린 취임식에서 '자유민주주의'와 '시장경제'를 기반으로 '국민이 진정한 주인인 나라'를 재건하고 '국제 사회에서 책임과 역할을 다하는 나라'를 만들 것임을 천명했다. 자유, 인권, 공정, 연대의 가치를 기반으로 국민이 진정한 주인인 나라를 위대한 국민 여러분과 함께 반드시 만들어 나가겠다고 약속하기도 했다.

과거 여러 전임 대통령들이 '민주주의'와 '시장경제'를 강조했다면 윤 대통령은 '민주주의' 앞에 반드시 '자유'를 덧붙였다. 윤 대통령에게 있어서 자유는 여러 가지 의미가 있다. 자유는 보편적으로 공유해야 할 가치이자, 정치적 권리를 보장하는 토대요, 경제적 번영과 풍요를 꽃피우는 원천이다.

윤 대통령 국정 철학 키워드 '자유 시민'

　따라서 윤 대통령이 추구하는 사회는 모든 사회 구성원이 '자유 시민'이 되는 사회다. 그런데 '자유 시민'이 되려면 일정한 수준의 경제적 기초, 그리고 공정한 교육과 문화의 접근 기회가 보장돼야 한다. 그렇지 않다면 '자유 시민'이 되기 어렵다. 형식적, 정치적 자유가 주어졌다고 해서 진정한 '자유 시민'이 되는 것은 아니다.

　또 만약 어떤 사람의 자유가 유린되거나 '자유 시민'이 되는 데 필요한 조건을 충족하지 못한다면 모든 '자유 시민'은 연대해서 도와야 할 도덕적 의무가 있다. 이는 개별 국가뿐 아니라 국제적으로도 똑같이 적용돼야 한다. 국제적으로 기아와 빈곤, 공권력과 군사력에 의한 불법행위로 개인의 자유가 침해되고 '자유 시민'으로서의 존엄한 삶이 유지되지 않는다면 모든 세계시민이 '자유 시민'으로서 연대해서 도와야 한다는 게 윤석열 대통령의 지론이다.

　현재 대한민국의 정치는 '민주주의의 위기'로 인해 제기능을 하지 못하고 있다고 윤 대통령은 진단한다. 가장 큰 원인은 '반(反)지성주의'다. 민주주의는 서로 다른 다양한 의견을 포용해야 하며, 견해가 서로 다른 사람들이 서로의 입장을 조정하고 타협하기 위해서는 '과학과 진실'이 전제돼야 하는 데 국가 간, 국가 내부의 지나친 집단적 갈등에 의해 진실이 왜곡되고, 각자가 보고 듣고 싶은 사실만을 선택하거나 다수의 힘으로 상대의 의견을 억압하는 '반지성주의'가 대한민국 민주주의를 위기에 빠트리고 있다는 것이다. 민주주의를 지탱하는 합리주의와 지성주의를 하루빨리 되찾아야 국내외 위기와 난제들을 해결해 나갈 수 있다고 윤 대통령은 역설한다.

지나친 양극화와 사회 갈등 등 사회문제에 대해 윤 대통령은 '자유와 민주주의를 위협할 뿐 아니라 사회 발전을 가로막는 원인'으로 보고 있다. 이를 해결하는 방식에는 여러 가지가 있을 수 있지만 '빠른 성장'을 통한 '새로운 기회 창출'과 이 과정에서의 '사회 이동성 제고'가 근본적인 해결 방식이라고 본다. '경제적 파이'를 키우지 않는 한 어떤 부의 재분배 방식도 근본적 해결이 아니며 나아가 지속가능하지도 않다고 본다.

그리고 도약과 빠른 성장의 동력은 오로지 과학과 기술, 그리고 혁신이라고 강조한다. 이것만이 자유민주주의를 지키고 우리의 자유를 확대하며, 우리의 존엄한 삶을 지속 가능하게 할 것이라고 윤 대통령은 역설한다.

전 국민 '자유 시민' 될 때까지 '연대' 호소

이처럼 윤 대통령의 국정 철학 속에는 자유를 중심으로 민주주의와 경제번영, 사회 갈등 해결 방식까지 서로 깊게 상호연관돼 있다. 자유는 형식적 자유에 그치지 않고 '자유 시민'이라는 '정치적 의식'과 '경제적 토대', 그리고 사회문화적 소양까지 갖춘 시민을 상정하고 모든 국민이 '자유 시민'이 되는 그날까지 서로 연대해 도와야 한다는 도덕적 의무까지 설정해 놓고 있다. 윤석열 대통령 특유의 '자유 민주주의관(觀)'이자 '경제성장론' 겸 '사회갈등 해소론'이라고 할 수 있다.

윤 대통령의 '자유평화론' 역시 자유민주주의와 밀접한 관련이 있다.

윤 대통령은 취임사에서 "자유민주주의는 평화를 만들어내고, 평화를 자유를 지켜준다"고 강조한 뒤 "평화는 자유와 인권의 가치를 존중하는 국제 사회와의 연대에 의해 보장된다"고 역설했다. 또 평화는 "일시적으로 전쟁을 회피하기 위한 '취약한 평화'가 아니라 자유와 번영을 꽃피우는 '지속 가능한 평화'여야 한다"고 강조했다. 북한의 위장 평화 공세에 편승해 일시적으로 평화를 구걸하는 행위는 결코 '지속 가능한 평화'를 가져올 수 없다는 것이다.

윤 대통령은 또 2022년 9월 20일 제77차 유엔총회 기조연설을 통해 "진정한 자유는 속박에서 벗어나는 것만이 아니라 자아를 인간답게 실현할 수 있는 기회를 가지는 것"이라며 "진정한 평화 역시 단지 전쟁이 없는 상태가 아니라 인류 공동번영의 발목을 잡는 갈등과 반목을 해소하고 인류가 더 번영할 수 있는 토대를 갖추는 것"이라고 강조했다. 윤 대통령의 자유론은 '타인에 의한 간섭의 부재'라는 '소극적 자유(Negative Freedom)'보다는 자신이 '자기 지배(자기 결정)'를 하는 '적극적 자유(Positive Freedom)'를 넘어 자아실현의 단계까지 포함하는 개념이라고 할 수 있다.

2. 정치 철학

윤석열 대통령이 자신의 정치적 스펙트럼을 상세히 밝힌 적은 없다. 이를 구체적으로 밝히는 것 자체가 정치적으로 부담이 될 수도 있다. 그러나 윤 대통령이 분명히 밝히는 것이 있다. 이는 바로 자신이 '헌법주의자'란 사실이다.

대한민국의 헌법을 생각하면 자유주의자 또는 보수주의로 읽힐 수 있다. 하지만 윤 대통령은 "(대한민국) 헌법에는 좌파, 우파, 진보, 보수가 모두 들어 있다"며 "좌파, 우파에 대한 인식 자체가 없다"고 말한다.

큰 틀에서 보수 우파로 보이지만 '자유 시민'의 '연대' 철학이나 기업 부패에 대한 강력한 대처, 회계의 투명성 요구, 약자 복지, 노동시간의 유연성에 대한 정책을 보면 진보 좌파가 환영할 대목들이 적지 않다. 좌파 정책 중 포퓰리즘 정책은 싫어하지만 그렇다고 '사회적 약자에 대한 배려'가 부족한 것은 아니다. '사회적 약자'를 목표로 한 '약자 복지'에서는 좌파보다 되레 적극적이다. 예산이 부족한 상태에서 '보편적 복지'를 주장하며 되레 수혜 대상만 늘려 '정치적 표몰이'만 염두에 두는 '정치 복지'보다는 분명하게 지원이 필요한 계층에게 좀 더 혜택이 가도록 하는 '약자 복지'가 서민과 취약 계층에게 더욱 도움이 된다는 것은 불 보듯 뻔하다.

"의회가 국정의 중심", 협치 중시

반면 민주주의 정치 과정에 대한 윤 대통령의 철학은 명확하다. 무엇보다도 의회민주주의에 대한 믿음이 확고하다. 그리고 여야 간 협치를 통한 국정 파트너십을 가장 중시한다.

"새 정부의 5년은 우리 사회의 미래를 결정할 매우 중요한 시간입니다. 우리가 직면한 위기와 도전의 엄중함은 진영이나 정파를 초월한 초당적 협력을 그 어느 때보다 강력하게 요구하고 있습니다. 제2차 세계대전이라는 절체절명의 위기 상황에서 영국 보수당과 노동당은 전시 연립내각을 구성하고 국가가 가진 모든 역량을 총동원하여 위기에서 나라를 구했습니다. 지금 대한민국에서는 각자 지향하는 정치적 가치는 다르지만, 공동의 위기를 극복하기 위해 기꺼이 손을 잡았던 '처칠과 애틀리의 파트너십'이 그 어느 때보다도 필요합니다."

윤 대통령은 2022년 5월 16일 국회 시정연설에서 이렇게 호소했다. '협치'를 위해 손을 내밀고 야당의 협력을 구했다. 박병석 당시 국회의장이 "중요한 문제에 관해 먼저 국회에 협의하고 조치하는 '선 협의, 후 조치' 원칙을 세워달라"고 요청하자 "의회가 국정의 중심이 되는 의회주의가 민주주의의 본질"이라며 호응했다.

"현재 한국은 위기…처칠-애틀리 파트너십 절실"

윤 대통령이 이날 예시로 든 '처칠-애틀리 파트너십'은 제2차 세계대전 당시 영국 보수당과 노동당의 전시 연립 내각을 말한다. 윈스턴 처칠과 클레멘트 애틀리는 사사건건 부딪쳤지만, 제2차 세계대전을 기해 꾸려진 전시 연립내각(1940년 5월~1945년 7월)에선 따로 피아 구분이 없었다.

이날 더불어민주당 의원들은 윤 대통령의 협치 제안에 환영 의사를 보였다. 14분의 시정연설 도중 여야 의원들은 18번이나 박수를 쳤다. 윤 대통령도 입장할 때나 나갈 때 모두 더불어민주당 의원 의석으로 일부러 다가가 악수를 나눴다. 하지만, 과반수 의석(300석 가운데 169석)을 가진 더불어민주당이 초과 생산된 쌀을 정부가 의무적으로 매입하게 하는 내용의 양곡관리법 개정안을 단독으로 처리하고 윤 대통령이 거부권을 행사하면서 협치는 별다른 성과를 내지 못하고 있다.

3. 북한 및 통일 철학

북한은 한민족, 협력 통일 대상이자 주적

북한 문제와 관련해 윤 대통령의 기본 입장은 당근과 채찍, 강온 양면 전략이다. 북한은 동일한 민족으로서 통일의 대상이면서 동시에 대한민국의 자유민주주의 체제를 위협하는 존재이기도 하다. 따라서 북한이 비핵화의 길에 들어선다면 북한의 경제부흥을 위해 파격적인 지원을 아끼지 않겠지만, 핵무장을 통해 도발에 나선다면 이는 바로 김정은 정권의 종말로 이어질 것이라고 경고한다. 북한의 핵 위협에 대해 '달래기'에 나서거나 문재인 정부처럼 '굴종 외교'를 벌일 생각은 더더욱 없다. 강력한 대북 억지력만이 한반도 평화와 대한민국의 안전을 담보할 뿐 일시적인 도발과 대결 회피가 결코 '지속적인 평화'로 이어지지 못할 것이라는 생각이다.

식량 인프라 전방위 지원 플랜 '담대한 계획'

당근 정책의 대표적인 내용은 북한이 핵 개발을 중단하고 실질적인 비핵화로 전환한다면 '담대한 계획'을 준비하겠다는 것이다. 윤 대통령은 2022년 5월 10일 취임사에서 "북한이 핵개발을 중단하고 실질적인 비핵화로 전환한다면 국제사회와 협력해 북한 경제와 북한 주민의 삶의 질을 획기적으로 개선할 수 있는 '담대한 계획'을 준비하겠다"

고 밝혔다. 윤 대통령은 이어 "북한의 비핵화는 한반도에 지속 가능한 평화를 가져올 뿐 아니라 아시아와 전 세계의 평화와 번영에도 크게 기여할 것"이라고 강조했다.

이런 윤 대통령의 '담대한 계획'이 구체적으로 드러난 것은 용산 대통령실 잔디마당에서 열린 제77주년 광복절 경축사에서다. 윤 대통령은 '담대한 계획'의 주요 내용과 관련해 △북한에 대한 대규모 식량 공급 프로그램을 실시하고 △발전과 송배전 인프라를 지원하며 △국제 교역을 위한 항만과 공항의 현대화 프로젝트를 추진하고 △농업 생산성 제고를 위한 기술 지원 프로그램을 마련하며 △병원과 의료 인프라의 현대화를 지원하고 △국제 투자 및 금융 지원 프로그램을 실시하겠다고 밝혔다. 한마디로 북한의 식량과 의료 등 인도적 지원을 실시하는 한편 전력 항만 공항 등 사회 인프라를 최첨단 설비로 해주겠다는 파격적인 제안이다.

통일부는 2022년 11월 정치 군사 분야에서의 '담대한 계획'을 담은 '비핵·평화 번영의 한반도'라는 제하의 통일·대북 정책을 발표했다. 먼저 외교적 조치로 미국-북한 관계 정상화를 지원하고, 둘째 한반도 평화 체제 구축에 대한 논의를 시작으로 북한의 완전한 비핵화 달성 시 평화협정 체결 등 실질적 평화정착을 추진하며, 셋째 군사적 긴장을 완화하고 우발적 충돌을 방지하기 위해 남북 간 군사적 신뢰구축과 군비통제 추진 등을 구체적으로 명시했다.

윤석열 정부는 해안포, 무인기 도발 등으로 사실상 유명무실화된 남북 간 '9.19 군사합의(공식명 판문점선언 군사분야 이행합의서)'도 아직 폐기하거나 효력 정지를 선언하지 않고 있다. 한마디로 같은 동포로서 인내를 갖고 북한의 김정은 정권이 합리적 선택을 하기를 바라며 기다리고 있는 상태다.

윤석열 정부의 통일 비전 '신통일 미래 구상'

통일부는 또 자유민주적 평화통일의 기반 구축을 위한 비전과 방향을 담은 '신통일 미래 구상'을 2023년 말 발표할 예정이다. 권영세 통일부 장관은 2023년 1월 27일 통일부 새해 업무보고를 하는 자리에서 "한반도 평화와 민족 번영을 위한 중장기 구상으로 '신통일 미래구상(가칭)'을 짤 것"이라고 윤석열 대통령에게 보고했다.

윤석열 정부의 '신통일 미래구상'은 새로운 통일방안은 아니다. 1994년 8월 15일 김영삼 정부가 발표한 '민족공동체 통일방안'의 세부 내용을 채워 보다 구체화하겠다는 것이다. 따라서 '민족공동체 통일방안'의 기본 골격과 '화해·협력 단계→남북 연합 단계→통일국가 완성 단계'라는 3단계 단계론은 그대로 유지된다. 김영삼 대통령의 '민족공동체 통일방안'은 노태우 대통령이 1989년 9월 11일 발표한 '한민족공동체 통일방안'에서 기원한다. '한민족공동체 통일방안'은 통일의 원칙으로 자주, 평화, 민주를 제시했다.

윤석열 정부는 사실상 통일의 기본원칙과 3단계론 등 골격만 있는 대한민국의 통일방안의 구체적인 부분을 모두 채운 통일방안을 만들어 제시하겠다는 것이다. 이 구상엔 윤석열 정부가 내세운 자유, 인권, 소통, 개방 등 보편적 가치의 실현을 통해 자유민주적 평화통일의 기반 구축을 위한 비전과 방향을 담게 된다.

김여정, "상대 안 하겠다." '담대한 구상' 거부

하지만 북한은 지금까지도 이에 대해 호응해 나오지 않고 있다. 북한의 대남 정책을 총괄하는 것으로 알려진 김여정 북한 로동당 중앙위원회 부부장은 윤석열 대통령의 구체적인 '담대한 계획'이 발표된 8·15 경축사가 발표된 3일 뒤인 8월 18일 본인 명의의 담화를 내고 "남조선(남한) 당국의 '대북 정책'을 평하기에 앞서 우리는 윤석열 그 인간 자체가 싫다"며 극단적인 거부감을 표시했다. 그는 이어 "'담대한 구상'으로도 안된다고 앞으로 또 무슨 요란한 구상을 해가지고 문을 두드리겠는지는 모르겠으나 우리는 절대로 상대해주지 않을 것임을 분명히 밝혀둔다"고 첨언하기도 했다.

북한의 이 같은 반응은 그 어느 대통령 때보다도 윤석열 정부에서는 북한의 잔꾀나 속임수를 통해 뭔가 이득을 얻어낼 가능성이 아예 없다고 판단하고 있기 때문으로 풀이된다. 게다가 핵무기의 소형화 및 경량화, 다종화를 집중적으로 추진하고 있는 마당에 남한과의 협상 및 거래는 핵무기의 고도화와 실전 배치라는 목표를 달성하는 데도 되레 장애물로 작용할 것이라고 보기 때문으로 보인다.

윤 대통령, "'무조건 퍼주기'는 없다." 선언

 따라서 윤석열 정부는 당근과 동시에 채찍도 준비하고 실제 실행 중이다. 윤 대통령은 2023년 3월 28일 개최된 비공개 국무회의에서 "통일부는 앞으로 '북한 퍼주기'를 중단하고 북한 핵 개발 추진 상황에서는 단돈 1원도 줄 수 없다는 점을 확실히 하라"고 지시했다. 윤석열 정부에서는 의료 식량 등 인도적 대북 지원도 크게 줄어들 것임을 시사하는 대목이다. 이는 과거의 역사적 교훈도 한몫했다. 김대중 대통령은 '햇볕정책'을 추진하면서 "북한은 핵을 개발한 적도 없고, 개발할 능력도 없다. 대북 지원금이 핵 개발에 악용된다는 말은 터무니없는 유언비어다. (북이 핵을 개발하면) 내가 책임지겠다"고 호언했지만 결국 북한에 속아 놀아난 꼴이 됐다.

윤석열 정부, 북한 인권보고서 첫 출간

 그동안 북한의 눈치를 보며 외면했던 북한 인권에 대한 문제 제기도 재개됐다. 한국 정부는 2023년 3월 4일 스위스 제네바에 있는 유엔인권이사회에서 공동제안국으로 복귀해 초안 협의에 적극 참여한 북한인권결의안을 채택했다. 북한인권결의안에 우리 정부가 공동제안국으로 참여한 것은 2018년 이후 5년 만이다. 윤석열 정부는 앞서 2022년 미국 뉴욕의 유엔총회에 제출된 북한인권결의안에도 4년 만에 공동제안국으로 참여했다. 47개 회원국으로 구성된 유엔인권이사회는 이날 북한인권결의안을 표결 없이 합의로 채택했다. 북한인권결의안은 2003년 유엔인권이사회의 전신인 인권위원회에서 처음 채택된 뒤 올해까지 21년 연속으로 채택됐다.

북한 인권보고서 역시 2023년 3월 처음으로 출간돼 공개됐다. 북한 인권보고서는 2016년 제정된 북한 인권법에 따라 통일부 북한인권기록센터가 2017년부터 탈북민을 대상으로 조사를 진행해 매해 보고서를 작성했지만 3급 비밀로 분류돼 그동안 공개가 이뤄지지 않았다. 탈북민 508명의 진술을 토대로 작성된 450쪽 분량의 '2023 북한 인권보고서'엔 청소년, 임신부에 대한 공개처형은 물론 조현병 등 정신질환자와 지적장애인을 상대로 한 당사자 동의 없는 생채실험 등의 사례가 실렸다. 윤 대통령은 "북한 주민의 처참한 인권 유린의 실상이 국제사회에 낱낱이 드러나야 한다"며 "북한 인권, 정치, 사회, 경제 상황 등 실상을 다양한 루트로 조사해 국내외에 알리는 것이 안보의 핵심적 로드맵"이라고 강조했다. 북한의 반발이나 남북 관계를 참작해 북한 인권의 실상에 눈감아주지 않겠다는 윤석열 정부의 의지가 담긴 셈이다.

한미 연합훈련 5년 만에 재개…역대급 규모

문재인 정부 시절인 2017년 12월 남북 관계를 이유로 축소되거나 중단됐던 한미 연합 대규모 공중 훈련도 5년 만인 2022년 10월부터 재개됐다. 한국 공군과 미 제7 공군사령부가 함께 진행하는 이 훈련엔 한국 측에서 140여 대, 미군 측에서 100여 대의 전투기, 급유기, 정찰기 등을 투입했다. 출격 횟수 역시 1600여 회로 역대 최대규모였다.

앞서 한미 해병대의 연대급 이상 대규모 연합 상륙작전인 쌍룡훈련도 5년만인 2022년 8월 재개됐다. 북한의 전면적 도발에 대비한 한미 연합 지휘소 훈련도 다시 시작됐다.

문재인 정부는 기존의 대규모 연합훈련인 △키리졸브 △독수리연습 △을지프리덤가디언(UFG) 등을 폐지하고 '야외 실기동 훈련(FTX)'을 축소하거나 불허한 뒤 오직 컴퓨터시뮬레이션 형태의 훈련인 CCPT '워 게임' 훈련만 연중 2차례 실시해왔다. 북한의 눈치를 보면서 군사 훈련조차 외면해왔던 문재인 정부와는 달리 윤석열 정부는 한민족으로서 통일의 대상인 북한을 최대한 감싸안되 실질적 안보 위협에 대해서는 결코 굴종하지 않고 무력으로도 제압할 것임을 내외에 천명한 셈이다.

윤석열 정부는 앞으로 국방력 강화를 위해 331조 원이 넘는 재원을 투입해 북한 핵미사일 위협에 대응하기 위한 '한국형 3축 체계'를 강화하고 한국형 3축 체계를 지휘통제할 '전략사령부'를 2024년경 창설하기로 했다. 한국형 3축 체계'란 킬체인, 한국형 미사일 방어체계, 대량응징 보복 계획을 말한다. '킬체인(Kill Chain)'이란 북한의 핵미사일 공격징후를 사전에 탐지해 선제공격하는 방식으로 북한의 핵 공격을 막겠다는 계획이다. 우리 말로 타격 순환체계로 불리는 '킬체인'은 탐지→(목표물) 확인→추적→조준→교전→평가라는 6단계를 거쳐 북한의 핵미사일이 남한으로 날아오기 전에 선제타격을 통해 무력화하겠다는 것이다. 구체적으로는 먼저 한미의 감시정찰 자산으로 1분 이내에 위협을 탐지하고 둘째 1분 이내에 목표물을 식별하며 셋째 식별된 정보를 바탕으로 3분 이내에 타격을 명령한 뒤 넷째 25분 이내에 목표물 타격을 완료한다는 개념이다. 하지만 최근 북한이 고체연료 미사일까지 개발에 성공한 것으로 알려지면서 선제타격을 목표로 하는

'킬체인'이 무력화하는 것 아니냐는 우려가 나오고 있다.

정리하자면 윤석열 정부는 북한이 핵 개발을 포기하고 대화에 나선다면 북한 인민의 생활 수준 향상을 위해 얼마든지 돕겠지만, 끝내 핵 개발을 고집하고 대결 자세로 나온다면 절대 굴하지 않고 튼튼한 국방력으로 맞대응하겠다는 계획이다. 특히 문재인 정부처럼 대화와 타협을 구걸하거나 전쟁을 회피한다는 핑계로 위장 평화공세에 절대 휘말리지도 않겠다는 입장이다. 북한이 대화와 타협을 통해 평화를 택하든, 아니면 강대강 대결을 택하든 어느 경우에도 밀리지 않겠다는 결연한 자세가 엿보인다.

4. 외교 안보 국정 철학

윤 대통령, "국정과 외교는 동전의 양면"

윤석열 대통령은 2023년 4월 5일 청와대 영빈관에서 열린 외교·안보 분야 현안과 관련한 제2차 국정과제 점검회의에서 "국정과 외교는 동전의 양면과 같다"며 "보편적 가치를 공유하는 국가 간 연대와 협력은 국제사회에서 우리의 생존과 국익뿐 아니라 헌법 가치인 자유민주주의, 시장경제 체제와 직결된 문제"라고 강조했다.

한마디로 대한민국이 추구하는 자유민주주의와 시장경제 체제라는 보편적 가치를 추구하는 나라와의 연대와 협력을 통해 안보와 경제를 동시에 챙기겠다는 전략이다. 최근 1년 새 한미동맹을 '글로벌 포괄적 전략동맹(Global Comprehensive Strategic Alliance)'으로 발전시키고, 한일관계를 정상화했으며, 사우디아라비아, 아랍에미리트(UAE) 등과 경제안보 협력을 한 단계 올린 것도 모두 이런 전략에서다.

윤 대통령의 또 다른 외교 전략은 모든 외교의 중심을 '경제'에 두는 소위 '세일즈 외교'다. 미국 등 보편적 가치를 공유하는 나라와의 글로벌 협력을 확대해 원전, 반도체, 공급망 분야의 실질 협력을 강화하고 수출 성과로 이어지게 하겠다는 전략이다. 대통령의 해외 순방을 모두 경제적 성과를 염두에 두고 기획하고 진행하는 이유도 여기에 있다.

가. 대미 외교

미국과의 외교의 핵심은 '한미동맹 강화'다. 윤석열 대통령 취임 둘째 해인 2023년은 한미동맹 70주년이 되는 해로 윤 대통령은 취임하자마자 한미동맹을 '글로벌 포괄적 전략동맹'으로 발전시켜 나가겠다고 선언했다.

한미동맹은 자유민주주의와 인권이라는 보편적 가치를 공유하는 국가 간 연대라는 점에서 모범적인 동맹이다. 한미동맹을 어떻게 강화해 나갈 것인가는 2022년 5월 21일 조 바이든 미국 대통령의 방한을 맞아 열린 한미 양국 대통령 공동기자회견의 모두(冒頭) 발언에 핵심 내용이 들어 있다.

한미동맹은 그동안 주로 안보·군사 동맹이었다. 하지만 지금은 경제가 안보요, 안보가 곧바로 경제인 시대에 살고 있다. 국제 안보 질서 변화에 따른 공급망 교란이 국민의 생활과 직결돼 있다.

한미동맹, 안보 동맹에서 전방위 동맹으로

따라서 한미동맹도 새로운 현실에 맞게 진화해야 한다는 것이 윤 대통령의 생각이다. 안보 군사뿐 아니라 반도체, 배터리, 원자력, 우주개발, 사이버 등 새로운 산업 분야에서 한미가 실질적인 협력을 강화해 나가야 한다. 그 첫걸음은 대통령실 간 '경제 안보 대화' 신설이다. 글로벌 공급망과 첨단 과학기술 등 경제 안보 분야에서 양국이 수시로 소통하고 협력해 나가는 게 목적이다.

방산 분야의 한미 양국 협력은 당연하다. 한미 양국은 2022년 5월 바이든 대통령의 방한 과정에서 '국방 상호 조달 협정' 협의를 개시하기로 합의했다. 이는 미래 먹거리로 부상 중인 방산 분야의 FTA(자유무역협정)라고 할 수 있는 '국방 상호 조달 협정' 협의를 개시하기로 했다.

한미동맹은 전방위 동맹으로서 국제무대에서의 협력도 점차 강화되고 있다. 한미 양국은 국제 규범에 기반한 인도·태평양 지역 질서를 함께 구축해 나가기로 하고, 그 첫걸음으로 한국은 '인도·태평양 경제프레임워크(IPEF: Indo-Pacific Economic Framework)'에 참여하기로 했다. 국제사회의 코로나 대응 노력에도 적극 동참해 '글로벌보건

안보(GHS: Global Health Security)' 조정사무소를 서울에 설립하기로 했다.

2022년 7월 조 바이든 미국 대통령의 방한 과정에서 양국 정상은 '북한의 완전한 비핵화'라는 양국 공동 목표를 재확인했다. 안보는 결코 타협할 수 없다는 공동 인식 아래 강력한 대북 억지력이 무엇보다 중요하다는 데 뜻을 같이했다. 바이든 대통령은 군건한 대한(對韓) 방위 및 실질적인 확장억제 공약도 재확인했다. 전통적인 안보 동맹에 아무런 이상이 없고, 과거에 비해 더욱 공고해졌음을 양국 정상이 재차 확인한 셈이다.

현재 한미동맹은 팬데믹 위기, 교역 질서 변화와 공급망 재편, 기후 변화, 민주주의 위기 등 새로운 도전 과제에 직면해 있다. 이러한 도전은 자유민주주의와 인권이라는 보편적 가치를 공유하는 국가들의 연대에 의해 극복할 수 있다. 윤석열 대통령은 2022년 7월 방한한 조 바이든 대통령과의 공동기자회견에서 "한미동맹은 글로벌 포괄적 전략 동맹으로서 이런 도전 과제들에 함께 대응해 나갈 것"이라며 "한미동맹은 그러한 연대의 모범"이라고 강조했다.

나. 대일 외교

"만약 우리가 현재와 과거를 서로 경쟁시킨다면, 반드시 미래를 놓치게 될 것이다.(If we open a quarrel between the past and the present, we shall find that we have lost the future.)"
이는 자유에 대한 강한 열망과 불굴의 리더십으로 제2차 세계대전을 승리로 이끈 영국 윈스턴 처칠 수상의 말이다.

윤석열 대통령은 일제 강점기 강제징용 피해자에 대한 제3자 변제안에 대해 논란이 일자 2023년 3월 21일 제12회 국무회의를 시작하면서 모두(冒頭)발언을 통해 "과거는 직시하고 기억해야 하지만 과거에 발목이 잡혀서는 안 된다"며 이같이 말했다. 윤 대통령은 이날 "한일관계를 방치하는 것은 대통령으로서의 책무를 저버리는 것"이라고 강조하면서 강제징용 피해자 제3자 변제안은 "1965년 국교 정상화 당시의 합의와 2018년 대법원판결을 동시에 충족하는 절충안"이라고 설명했다.

"현재와 과거 경쟁시키면 미래를 놓치게 될 것"

한일관계 개선은 내치에 도움이 되는 경우가 거의 없다. 한일관계를 악화시키면 악화시킬수록 되레 내치에 도움이 된다. 일본을 나쁜 나라라고 아무리 욕한들 비난받을 리도 없고, 나아가 설령 한일관계 악화로 경제가 최악의 길을 걸어도 이는 어쩔 수 없는 일이라고 생각하는 국민이 적지 않기 때문이다.

그동안 한일관계가 악화일로를 걸어온 이유도 여기에 있다. 특히 문재인 정부 시절 양국 정부 간 대화는 단절됐고 문재인 정부는 한일관계를 파국 일보 직전으로 몰고 갔다. 문재인 정부는 2015년 위안부 합의로 일본 정부가 2016년 출연한 '화해치유재단'을 2년 만에 해체했다. 대법원의 강제징용 판결로 2019년 일본의 반도체 소재 수출 규제

가 이뤄지고, 화이트리스트 한국 배제 등 경제보복이 계속됐지만 문
재인 정부는 오불관언(吾不關焉)으로 일관했다. 왜 그랬을까? 문재인
정부에 있어 한일관계 파국은 곧바로 지지층의 결집으로 정략적 이
득이었다. 그래서 2016년 한일 사이에 체결된 지소미아(GSOMIA:
군사정보보호협정·General Security of Military Information
Agreement)마저 종료를 선언했다가, 뒤늦게 이를 보류하는 등 갈팡
질팡하는 태도를 보이기도 했다.

그런데 이게 올바른 대일 외교의 길일까? 1965년 박정희 대통령은
한일 간 공동의 이익과 안전, 번영의 길을 모색한다며 국교 정상화를
추진했다. 한미동맹과 함께 한일 간 국교 정상화가 한국의 눈부신 경
제 발전, 즉 '한강의 기적'을 가능케 한 원동력이었음을 부인하는 사람
은 거의 없다. 부침을 거듭하던 한일관계의 새로운 지평을 연 지도자
는 김대중 대통령이다. 김 대통령은 "50년도 안 되는 불행한 역사 때
문에 1500여 년에 걸친 교류와 협력의 역사 전체를 무의미하게 만드
는 것은 어리석은 일"이라며 오부치 게이조 일본 총리와의 정상회담을
통해 '21세기의 새로운 한일 파트너십'이라는 새로운 협력관계를 이끌
어냈다. 일본이 한국 식민 지배를 따로 특정해 통절한 반성과 마음으
로부터의 사과 표명을 한 것도 1998년 '김대중-오부치 선언'이 처음
이다.

"강제징용 세금 보상, 노무현 정부 등 과거 2차례"

일제 강점기 강제징용 피해자에 대해 대한민국 정부가 세금을 투입해 보상한 것은 2번이나 있었다. 박정희 대통령 시절인 1974년 정부는 8만3519건에 대해 92억 원을 보상했다. 2007년 노무현 정부 시절엔 특별법을 제정해 7만9000여 명에게 6800억 원을 보상했다. 모두 국가 예산을 들여 피해자들에게 보상금을 지급한 것이다. 이번에 대법원판결로 줘야 하는 징용피해자 14명에 대한 보상도 과거 전례를 그대로 따랐을 뿐이다. 이걸 굴욕외교, 외교 참사라고 한다면 16년 전 노무현 정부의 보상도 굴욕외교라고 할 것인지 묻지 않을 수 없다. 강제징용 피해자에 대한 윤석열 정부의 보상방식이 굴욕 외교이고 한일관계 개선은 외교참사라고 주장하는 사람 중 김대중 대통령의 한일관계 개선과 노무현 대통령의 정부보상 방식을 굴욕외교, 외교참사라고 비난하는 사람을 본 적이 없다. 중대한 국익이 걸린 외교까지도 정략수단으로 삼고 정치적 이해관계에 따라 국민을 호도하는 전형적인 내로남불 논리다.

윤석열 대통령은 이날 "한국과 일본은 자유, 인권, 법치의 보편적 가치를 공유하고, 안보, 경제, 글로벌 어젠다에서 공동의 이익을 추구하는 가장 가까운 이웃이자 협력해야 할 파트너"라며 "양국의 미래를 함께 준비하자는 국민적 공감대에 따라 안보, 경제, 문화 등 다양한 분야에서 협력을 증진시키기 위한 논의를 더욱 가속화할 것"이라고 강조했다. 양국 간 외교, 경제 전략대화를 비롯해 양국의 공동이익을 논의하는 정부 간 협의체들을 조속히 복원하고, NSC(National Security Council·국가안전보장회의) 차원의 '한일 경제 안보대화'도 곧 출범시킬 예정이다.

한일관계 개선 직후 윤석열 정부에 대한 지지율은 하락했다. '윤석열표 강제징용 해법'에 대한 지지율 역시 응답자의 59%가 반대를 표시해, 찬성 35%의 1.7배에 가까웠다. 하지만 순간의 여론이 정답일까? 1965년 한일 국교 정상화 당시 야당 의원 중 이를 찬성한 사람은 나중에 대통령이 된 김대중 의원이 유일했다.

"지금 우리는 역사의 새로운 전환점에 서 있습니다. 저는 현명한 우리 국민을 믿습니다. 한일관계 정상화는 결국 우리 국민에게 새로운 자긍심을 불러일으킬 것이며, 우리 국민과 기업에 커다란 혜택으로 보답할 것입니다. 무엇보다 미래세대 청년에게 큰 희망과 기회가 될 것입니다."

한일관계 개선에 대한 윤석열 대통령의 생각은 지지율의 하락에도 불구하고 흔들리지 않았다. 대일 관계 개선이 우리 5200만 국민은 물론 45만 재일 교포에게 큰 도움이 될 것이라는 자신의 철학에 대한 굳은 믿음 때문이었다. 누가 옳았는지는 길게 갈 필요도 없을 것 같다. 10년 또는 20년 뒤 역사가들이 윤석열 대통령의 선택을 어떻게 평가하는지를 보면 금방 알 수 있기 때문이다.

다. 대중 외교

"중국이 우리를 상호 존중하고 국제규범 질서를 존중한다면 중국과는 우리가 못 지낼 아무런 이유가 없다."
중국과의 외교 원칙과 관련한 윤석열 대통령의 핵심 생각이다. 중국은 전체주의 국가인 북한과 다르다. 자본주의의 시장경제 시스템을 받아들이고 있다는 점에서 특히 그렇다. 따라서 중국이 우리를 동등한 파트너로 생각하고 존중해준다면 중국과도 잘 지내고 싶다는 게 윤석열 대통령의 생각이다.

"국제질서 존중하면 못 지낼 이유 없다."

이런 윤석열 대통령의 입장은 박진 외교부 장관이 중국을 방문해 밝힌 사자성어 '화이부동(和而不同)'과도 일맥상통한다. 한중 양국은 서로 다른 점이 있긴 하지만 가급적 갈등을 일으키지 않고 이웃 국가로서 원만한 관계를 유지하고 싶다는 뜻으로 읽힌다. 중국과 어쩔 수 없이 거리두기를 할 수밖에 없는 상태에서도 중국을 최대한 자극하지 않겠다는 취지다. 박진 외교부 장관이 "대만 해협에서 무력에 의한 일방적 현상 변경에 반대한다"고 했지만, "하나의 중국을 존중한다"고 한 것도 이런 맥락에서다.

한미동맹 강화와 한일관계 개선이라는 큰 줄기 아래서 한중 관계를 어떻게 풀어나갈지는 앞으로 국제무대에서의 양국 정상의 만남이나 상호 방문 등을 통해 점차 구체화할 것으로 예상된다.

5. 경제 철학

윤 대통령, "국정과 외교는 동전의 양면"

  윤석열 대통령의 경제 철학의 핵심은 보편적 가치인 자유와 밀접하게 연관돼 있다. 자유로운 정치적 권리, 자유로운 시장이 숨 쉬는 곳은 언제나 번영과 풍요가 꽃 피었다. 번영과 풍요, 경제적 성장은 바로 '자유의 확대'의 결과 중 하나다. 또 도약과 빠른 성장은 오로지 과학과 기술, 그리고 혁신에 의해서만 이룰 수 있고 나아가 지속 가능하다고 본다. 즉 자유민주주의를 지키고 우리의 자유를 확대하는 것이 우리의 존엄한 삶을 지속 가능하게 하는 기반이라는 것이다.

  또 과학과 기술, 혁신은 한 나라의 노력만으로 달성하기 어렵다고 본다. 민간의 자유와 창의를 존중함으로써 과학 기술의 진보와 혁신을 이뤄낸 많은 나라들과 협력하고 연대할 때만이 이뤄낼 수 있다고 본다. 윤 대통령의 경제 철학은 이처럼 경제적 성장과 물질적 진보를 이루기 위한 경제에만 한정된 게 아니라 보편적 가치와 사회적, 국제적 연대까지 아우르는 광범위한 개념이다.

"자유시장은 방임을 말하는 것 아니다."

자유민주주의라는 정치체제와 자유시장이라는 경제 체제는 동전의 양면이다. 우리나라가 지향해야 할 기본 방향이 자유민주주의와 자유시장이다. 자유시장은 '방임 시장'이 아니다. '정부의 관여(Government Engagement)'가 필수적이다. 정부가 시장에 대해 하는 역할을 모두 규제(Regulation)라고 주장하며 부정적으로 보는 견해가 있는데 시장을 공정하게 관리하고 시장의 생산성, 즉 시장의 효율성을 높이기 위한 관여는 규제나 간섭이 아니다. 금융 역시 금융기관들이 어떻게 수익을 내고, 대출을 어디에 해주고를 정부가 관여하면 관치금융이지만, 금융기관의 거버넌스가 투명하고 합리적으로 이뤄지도록 하는 것은 마땅히 정부가 할 일이다. 특히 시장에서 공정한 경쟁 체제를 만들어주는 것이야말로 정부가 반드시 해야 할 일이다.

정부의 정책 집행은 재정의 소비만을 의미하는 것은 아니다. 정부의 정책에 의해 새로운 시장이 탄생할 수도 있다. 예를 들어 국방이라고 하면 세금 걷어서 쓰기만 한다고 생각하기 쉬운 데 방위산업을 잘 육성하고, 국내시장을 만들고 해외시장을 개척해 수출하면 기업의 수익 활동으로 연결된다. 강력한 국방력의 확보가 바로 기업과 시장을 만드는 것이다.

현재 경제는 홀로 돌아가는 게 아니다. 외교, 안보와 경제는 한 틀 속에서 굴러간다. '경제 안보'라는 말이 나오는 이유다. 안보 협력을 하는 나라끼리는 경제와 과학기술 협력이 더 잘 된다. 심지어 기후환경이나 보건 분야의 협력도 마찬가지다.

"물가는 일종의 복지다." 물가를 잘 관리하는 것은 일종의 복지 정책이라는 뜻이다. 복지 정책도 좋지만, 고용 창출과 물가 관리를 잘해주면 서민에게는 복지 정책 못지않게 더 큰 혜택이 돌아간다. 1997년의 외환위기나 2008년의 금융위기를 보면 물가와 고용의 관리가 얼마나 중요한지 알 수 있다.

현재 나라의 경제 상황을 보는 윤 대통령의 인식은 엄중하기 그지없다. 스태그플레이션의 공포가 전 경제를 휩쓸고 있다. 고질적인 저성장과 양극화 로 민생은 심각한 위기상태다.

이를 극복하기 위한 기본 방향은 민간의 자유와 창의를 최대한 존중하는 것이다. 상황이 어려울수록 민간 주도, 시장 주도로 우리의 경제 체질을 완전히 바꿔야 한다. 정부는 민간의 혁신과 신사업을 가로막는 낡은 제도, 그리고 법령에 근거하지 않은 관행적인 그림자 규제를 모조리 걷어낼 계획이다. 기업의 경쟁력을 훼손하고 기업가 정신을 위축시키는 것이 이런 낡은 제도와 규제다.

시장 교란 행위 엄정 처벌

동시에 공정한 시장 질서를 교란하는 행위는 법과 원칙에 따라 발붙일 수 없게끔 해야 한다. 이래야 기업가 정신이 되살아나 투자를 끌어낼 수 있다. 경제 안보 시대에 걸맞게 반도체 등 국가 전략산업의 R&D 지원, 인재 양성 이런 것들은 국가가 나서서 해줘야 한다.

국민이 직면한 물가, 금리, 주거 문제는 시급히 해결해야 할 과제다. 민간의 생산비용 부담을 덜어 생활물가를 최대한 안정시키고, 우리 사회의 어려운 분들은 더욱 두텁게 도와야 한다.

가. 3+1 개혁

윤석열 대통령은 올해(2023년)를 '대한민국 재도약의 원년(元年)'으로 선포했다. '3+1 개혁'이란 노동개혁, 교육 개혁, 연금개혁과 정부개혁을 합쳐 총칭하는 말이다. 이 4가지 개혁은 국가의 미래를 위해, 특히 미래세대를 위해 반드시 해결해야 하는 문제다. 청년들에게 일자리의 기회를 막는 노동시장, 현장에 필요한 인재를 제대로 키워내지 못하는 낙후된 교육제도, 미래세대에게 부담을 계속 가중하는 연금제도는 지금 당장 개혁에 나서야 한다.

하지만 이는 박수를 받는 개혁이 아니다. 대통령의 지지율이 크게 곤두박질할 수도 있다. 그동안 역대 대통령들이 공약으로 내걸었다가 대부분 공염불로 끝난 이유도 여기에 있다.

하지만 윤 대통령은 다르다. 설령 인기가 없더라도 국가의 먼 미래에 이익이 된다면 임기 내에 하겠다는 것이다. 윤 대통령이 올해(2023년)를 '개혁 추진의 원년'으로 선포한 것도 이 때문이다.

① 노동 개혁

노동 분야의 문제점은 셀 수 없을 만큼 많다. 노동시장의 이중구조를 개선하고, 합리적 보상 체계를 세우며, 노노(勞勞) 간의 착취 구조를 타파하고, 노사 법치주의의 확립해야 한다. 공직 부패와 기업 부패는 물론 노조 부패도 우리 사회가 척결해야 할 3대 부패 중 하나다. 노동시장의 이중구조란 노동력이 임금과 안정성 등 근로조건이 좋은 1차 노동시장 즉 대기업에만 집중되고 노동조건이 상대적으로 열악한 2차 노동시장 즉 중소기업은 외면하는 현상을 말한다. 노조 부패는 기업과 마찬가지로 회계의 투명성이 확보되지 않는 데 원인이 크다.

노동시장 유연화는 집단심층면접(FGI: Focus Group Interview) 등 세밀한 국민의 의견을 충분히 청취해 실시해야 한다. 특히 (양대 노조 뿐 아니라) MZ근로자, 노조 미가입 근로자, 중소기업 근로자 등 노동약자와 폭넓게 소통해 개혁을 추진하는 게 더 낫다는 게 윤 대통령의 생각이다.

② 교육 개혁

세계 각국은 변화하는 기술, 폭발하는 인력 수요에 대응하고자 교육 개혁에 사활을 걸고 있다. 우리 학생들에게 기술 진보 수준에 맞는 교육을 공정하게 제공하려면 교육개혁 역시 피할 수 없는 과제다. 또 기업에는 투자 활성화를 통해 양질의 일자리를 창출하게 하고, 미래세대에게는 기업 수요에 충족할 수 있는 지식과 기술을 연마하게 해주기 위한 것이다.

양질의 일자리 창출은 노동 개혁과 교육 개혁 없이 불가능한 셈이다. 경제성장의 기본은 기업의 성장이다. 기업의 성장은 투자를 통해 일자리가 늘어나야 가능하다. 결국 경제성장은 양질의 일자리가 더 많이 창출되는 데서 출발한다.

③ 연금 개혁

 지속 가능한 복지제도를 구현하고 빈틈없는 사회안전망을 제공하려면 연금개혁이 절실하다. 눈덩이처럼 불어나는 연금 재정의 적자를 해결하지 못하면 연금제도의 지속가능성을 장담할 수 없다. 이를 방치한다면 국가의 재정을 파탄시켜 결국 국민에게 커다란 희생을 강요하게 돼 있다. 인기영합적 포퓰리즘 정책을 지속할 수 없는 상황이다.

 연금개 혁은 윤석열 대통령의 대선 공약사항이자 120대 국정과제 중 하나다. 6대 국정 목표 중 하나인 '따뜻한 동행, 모두가 행복한 사회' 제하의 42번째 과제가 '지속 가능한 복지국가 개혁'이다. 이 과제의 첫 번째 임무가 현재 그대로 놔두면 지속 불가능한 국민연금의 개혁이다.

 그러나 연금 개혁은 쉬운 일이 아니다. 온 국민이 수혜 대상자이자, 고통 분담 대상자인데 시기와 속도 등 어떻게 균형점을 잡아나가느냐가 매우 중요하다. 방향을 안다고 무작정 달릴 과제가 아니다. 연금 개혁에 성공한 나라의 공통점은 오랜 시간에 걸쳐 연구하고 논의해 사회적 합의를 이끌어냈다는 사실이다. 연금 재정에 관한 과학적 조사, 연구와 국민 의견 수렴, 연금 개혁에 대한 공론화 작업 등이 모두 성공적으로 이뤄져야 한다.

 윤석열 대통령은 연금 개혁 방안을 가급적 올해 안에 국회에 제출할 계획이다.

나. 복합 위기 극복

지금 한국경제는 위기라는 게 윤석열 대통령의 인식이다. 위기도 여러 부문의 위기가 동시다발적으로 몰려오는 복합 위기다. 윤석열 대통령이 2022년 7월부터 2023년 3월까지 단 10개월 사이에 무려 14차례의 비상 경제 민생회의를 개최한 것도 이런 위기의식의 발로다.

무엇보다도 금융위기와 코로나 대응 등으로 인해 통화량이 과다하게 풀렸다. 이는 바로 이례적인 고물가로 연결된다. 우크라이나 전쟁을 비롯한 국제 공급망 교란도 큰 부담이다. 미국과 중국 등 세계 각국의 보호무역주의도 강화되고 있다. 원자재 가격 상승에 따른 '비용 인상 인플레이션(Cost Push Inflation)'의 부작용도 만만치 않다. 전 세계적인 통화팽창에 각국이 고금리 정책을 쓰고, 이로 인해 통화 긴축이 이뤄지면서 소비가 줄고, 기업도 힘들어한다.

이로 인해 가계와 기업의 부채 문제가 심각해질 수 있다. 이것이 현실화하면 금융부실로 이어질 수 있다. 복합 위기를 수출로 돌파하고 싶지만, 상황은 녹록지 않다.

그렇다고 미래 전략산업을 소홀히 할 수 없다. 우주항공, 인공지능 같은 핵심 전략기술, 미래의 기술시장을 선점하기 위한 국가의 정책적 지원은 어느 때보다도 절실하다. 산업 전반에 대한 디지털 혁신은 더욱 가속화해야 한다.

경제가 어려워지면 가장 힘들어하는 게 서민 계층이다. 장바구니 물가를 가장 먼저 챙겨야 한다. 공급 면에서 비용 절감도 중요하고, 관세, 유류세 등을 인하하고, 지방세는 감면하고, 공공요금도 관리하되 시장의 논리에 맞게 물가 관리를 해야 한다.

"부동산은 이념 문제 아니다."

부동산, 환경 문제는 이념 문제가 아니다. 공급과 수요의 문제다. 이는 민생 문제로 전문성과 과학으로 일을 처리해야 한다. 주거비 지출이 늘지 않게 관리해야 한다. 전세왕, 빌라왕 등 대규모 전세 사기로 특히 취약계층의 고통이 크다. 강력한 처벌과 함께 피해 회복에 미진함이 없어야 한다.

수도권 외곽과 서울 도심을 연결하는 수도권 광역 급행열차인 GTX(Great Train Express)에 대한 수도권 주민의 관심이 크다. 지하 20m 내외에서 시속 30~40km 속도로 운행하는 기존의 수도권 지하철과 달리 GXT는 지하 40~50m 공간을 활용해 노선을 직선화하고 시속 100km 이상(최고 시속 200km) 고속으로 운행하는 신개념 광역 교통수단이다. A 노선은 2024년 초 우선 개통하고, B 노선은 내년 초에, C 노선은 연내 착공을 할 수 있도록 속도감 있게 추진해야 한다. 또 D, E, F 노선도 적어도 임기 내에 예비타당성 조사를 마치고 착공에 들어가야 한다는 것이 윤 대통령의 구상이다.

"환경 문제는 산업화, 시장화로 풀어야"

환경 문제는 단순히 규제로 생각해 피하려 해서는 안 된다. 환경 규제를 고도의 기술로 풀어 산업화, 시장화해야 한다. 이것이 바로 환경 문제를 역이용하는 발상이다. 무엇보다도 깨끗한 환경이라는 공공의 목표를 달성하기 위해서 규제보다 친환경 기술을 개발해야 한다. 탄소 문제도 마찬가지다. 실행력 있는 탄소중립 정책을 추진해 우리 기업들이 글로벌 탈(脫)탄소 시장을 개척할 수 있도록 규제를 대대적으로 혁신해야 한다. 바이오나 반도체 역시 글로벌 시장에서 경쟁해야 하는 분야인 만큼 우리나라의 규제 역시 글로벌 스탠더드에 맞게 합리화해야 한다.

노사 간 관계는 법치주의를 명확하게 확립해야 한다. 노조 부패, 공직 부패, 기업 부패 등 3대 부패를 척결해야 한다. 기업 부패 척결의 첫 번째 과제는 회계의 투명성이다. 노조 활동도 투명성이 확보돼야 한다.

경제 위기 극복을 위한 핵심 철학은 '시장 중심'과 '기업 중심'이다. 국가는 소멸해도 시장은 없어지지 않는다. 경제성장을 위해서는 양질의 일자리가 필요하고 이를 만드는 것은 바로 기업과 시장이다. 시장엔 국경이 없다. 대한민국 시장이 국제시장이다. 늘 국제화된 마인드를 머릿속에 갖고 있어야 한다.

시장은 정부가 만드는 게 아니다. 도저히 시장을 만들 수 없는 분야에 대해서만 정부가 재정을 투입해 시장을 직접 관리해야 한다. 나머지 분야는 모두 공정하고 효율적으로 시장이 돌아갈 수 있도록 뒷받침에 그쳐야 한다.

다. 수출 증진과 스타트업 코리아

　대한민국 경제위기 돌파를 위한 2트랙은 '수출 증진'과 '스타트업(Start-up) 코리아'다. 정부는 2023년도 경제위기를 돌파하는 2가지 트랙으로 이 2가지를 꼽았다. 최대 6800억 달러(한화 약 864조 원)의 수출을 달성하고 스타트업 생태계의 글로벌화, 딥테크(첨단기술) 육성 등에 집중하겠다는 전략이다. 이를 위해 360조 원의 무역금융을 공급한다. 원자력, 플랜트, 방위산업이 '신수출 3총사'다.

　이를 위한 추진체는 정부만이 아니다. 정부와 민간단체, 전문가, 기업이 모두 한 팀이 돼야 한다. 대한민국 아니 대한민국 산업이라고 하는 플랫폼을 같이 타고 가는 '원 팀'이 될 때 제대로 추진될 수 있다.

　'스타트업'이란 설립한 지 오래되지 않은 신생 벤처기업을 말한다. 미국 실리콘밸리에서 처음 사용된 용어로 보통 혁신적인 기술과 아이디어를 보유하고 있지만, 자금력이 부족한 경우가 많아 고위험, 고수익, 고성장의 가능성을 지닌 회사다.

"'수출 증진과 스타트업 코리아'로 경제위기 극복"

'스타트업 코리아' 프로젝트는 △스타트업의 글로벌화 △딥테크 분야 육성 △상생성장 등 3가지 방향에 초점이 맞춰져 있다. 우선 8조 원 규모의 글로벌 펀드를 조성해 운용한다. 윤석열 대통령이 재임하는 5년간 1000개 딥테크 스타트업 회사를 선발해 2조 원을 투입하는 '초격차 스타트업 1000+프로젝트'를 본격 추진한다. 상생성장을 위해 선배 스타트업이 후배 스타트업, 소상공인과 상생하는 '함께 도약 프로젝트'도 진행한다. 스타트업 코리아엔 특히 청년 벤처 기업인들이 집중 지원의 대상이 될 것으로 알려졌다.

6. 사회 및 문화 철학

가. 약자 복지

'사회적 약자'란 정치, 경제, 사회, 문화적으로 인간다운 삶을 영위하는 데 어려움을 겪는 개인이나 집단을 의미한다. 우리나라 헌법은 "모든 국민은 인간다운 생활을 할 권리를 가진다"며 국가가 사회보장, 사회복지의 증진에 노력할 의무를 부과하고 있다.

윤석열 대통령은 헌법주의자다. 윤 대통령은 "중산층, 서민 그리고 어려운 '사회적 약자'를 촘촘히 챙기는 것이 국가의 존재 이유이고, 기본"이라고 강조했다. 윤 대통령은 2023년 3월 3일 제57회 납세자의 날을 맞아 기념식에서 "경제가 어려울수록 더 큰 어려움을 겪는 것이 '사회적 약자'"라며 "인간의 존엄과 가치라는 헌법정신을 실현하기 위해 경제가 어려울수록 '사회적 약자'와 취약계층을 지원하는 데 국가 재정을 사용할 것"이라고 약속했다.

윤 대통령이 '약자 복지'를 주창한 것도 이 때문이다. 재정의 건전화를 추진하면서도 서민과 사회적 약자들을 더 두텁게 지원하려면 '약자 복지'를 선택할 수밖에 없다. 정치 진영의 표를 확보하기 위한 포퓰리즘적 '정치 복지'를 척결해야만 '재정의 건전화'와 '약자 복지'라는 두 마리 토끼를 잡을 수 있다.

윤 대통령은 "세금을 통한 복지뿐 아니라 자유와 연대의 정신에 입각해 더 어려운 분들을 더 두텁게 도와드리는 것이 진정한 약자 복지의 핵심"이라고 강조했다. 이럴 때만이 우리 사회의 많은 약자들이 공정한 기회를 누리고 다 함께 잘살게 된다는 것이다. 이것이 바로 국가의 존재 이유라는 게 윤 대통령 생각이다.

나. 디지털 격차

'디지털 격차(Digital Divide)'는 소득 격차에 따른 문화 격차다. 디지털이 보편화되면서 고소득 계층과 저소득 계층 사이에 디지털 격차가 심화되고 있다. 디지털 격차는 소득 격차를 더욱 심화한다는 점에서 '격차 악순환'으로 이어진다. 디지털 격차는 단순히 정보의 격차에만 그치지 않고, 생각과 감정, 문화의 격차로 확대된다. 디지털 세계에서는 기술적 영향이 기술 영역에만 머물지 않고 정치, 경제, 사회, 문화의 모든 영역으로 파급된다. 따라서 디지털 격차는 방치할 경우 새로운 사회적 갈등으로 번질 개연성이 높다.

디지털 격차는 한 국가 내 격차보다도 나라 간 격차가 크다. 디지털 심화 시대에 디지털 격차는 국가 간 양극화를 가중시킨다. 유엔을 중심으로 한 국제사회의 협력이 더욱 중요한 분야가 디지털 분야가 된 셈이다.

대한민국은 디지털 선도 국가다. 한국은 세계 최초로 5G를 상용화한 최고의 통신 기술을 갖고 있고 AI(Artificial Intelligence·인공지능), 데이터, 6G 등 새로운 기술혁신을 주도하고 있다.

윤 대통령은 이에 따라 '디지털 권리장전'을 마련해 글로벌 디지털 질서의 정립에 기여하고, 나아가 국가 간 디지털 격차 해소에 나설 계획이다. '디지털 권리장전'이란 디지털 기술을 향유할 권리를 인간의 보편적 권리로 규정하고 4차 산업혁명 시대에 발생하는 디지털 격차 이슈를 해결하기 위한 원칙을 제시할 방침이다. 윤 대통령은 2022년 9월 20일 제77차 유엔총회 기조연설을 통해 "한국은 디지털 선도국가로서 개발도상국에 디지털 교육과 기술 전수, 투자에 더욱 많은 지원을 하겠다"고 강조했다.

7. 역사 및 보훈 철학

가. 5·18광주민주화운동

5·18광주민주화운동은 자유민주주의와 인권의 가치를 피로써 지켜낸 오월의 항거다. 오월 정신은 보편적 가치의 회복이고, 자유민주주의 헌법 정신 그 자체다. 그 정신은 우리 모두의 것이고 대한민국의 귀중한 자산이다. 또 자유민주주의와 인권의 가치는 우리 국민을 하나로 묶는 통합의 철학이다. 오월의 정신은 바로 국민 통합의 주춧돌이다. 오월의 정신이 우리 국민을 단결하게 하고 위기와 도전에서 우리를 지켜준다는 점에서 자유와 정의, 진실을 사랑하는 우리 대한민국 국민 모두는 광주시민이다.

5·18은 살아있는 역사다. 현재도 진행 중이다. 이를 책임 있게 계승해 나가는 것이야말로 우리의 후손과 나라의 번영을 위한 출발점이다. 오월 정신이 담고 있는 자유민주주의와 인권의 가치가 세계 속으로 널리 퍼져나가게 해야 한다. 이것이 바로 5·18광주민주화운동에 대해 윤석열 대통령이 품고 있는 기본 생각이다.

"호남은 민주화 성지…이젠 경제적 성취 꽃피워야"

이제 광주와 호남이 자유민주주의와 인권이라는 보편적 가치 위에 '담대한 경제적 성취'를 꽃피워야 한다. AI와 첨단기술 기반의 산업 고도화를 이루고 힘차게 도약해야 한다. 윤석열 대통령은 후보 시절 "호남은 대한민국의 민주화를 앞당기기 위해 많은 피를 흘렸습니다. 호남을 '민주화의 성지'라고 부르는 이유입니다"라고 강조했다. 윤 대통령은 후보 시절 필자를 영입하는 자리에서도 "민주화는 함께 잘 살자고 하는 것"이라며 "호남이 다른 지역과 똑같이 잘 사는 것이 대한민국 민주화의 목표이자 완성"이라고 역설했다.

필자는 윤 당시 후보의 이 말을 듣고 깜짝 놀랐다. 지금까지 정치인 가운데, 심지어 진보를 자처하는 인사까지도 "호남이 다른 지역과 똑같이 잘 사는 것이 대한민국 민주화의 목표이자 완성"이라고 공개적으로 말한 사람을 본 적이 없었기 때문이었다. "민주화는 함께 잘 살자고 하는 것"이라는 말과 "호남이 다른 지역과 똑같이 잘 사는 것이 대한민국의 민주화의 완성"이라고 하는 윤 대통령의 말씀에 필자는 전적으로 동의한다. 이는 호남인들이 드러내놓고 말하지는 못하지만, 마음속으로 절실히 바라는 바이기도 하다.

윤 당시 후보가 2022년 대통령 선거운동 기간(2022년 2월 15일~2022년 3월 8일) 수도권을 17번, 호남을 3번 찾은 이재명 후보와 달리 호남을 5번, 수도권을 12번 찾은 이유도 여기에 있다. 유권자 수로 따지면 엄청난 비효율적인 선거운동이지만, 호남을 배려한 유세 일정이었다. 대선 후보로서 동학농민혁명 기념관을 찾은 것도 윤 후보가 처음이었다. 인내천(人乃天) 사상에 기반을 두고 보국안민(輔國安民)

과 제폭구민(除暴救民)을 기치로 일어난 동학농민혁명의 정신은 3·1운동과 4·19혁명, 5·18 광주민주화운동, 6·10 민주항쟁으로 계승됐다. 400명 이상이 희생된 광주민주화운동보다 훨씬 많은, 최소 3만 명이 희생된 동학농민혁명은 대한민국 최초의 민주화 운동이었다.

대학생 윤석열, 전두환에 무기징역 선고 뒤 도피

1980년 5월 8일, 서울대학교 교정에 잠시 정적이 흘렀다. 이윽고 윤석열 재판장의 선고 주문이 이어졌다.

"피고인 전두환을 무기징역에 처한다."

법정에서는 환호가 터져 나왔다. 대한민국의 권력을 찬탈한 쿠데타 수괴 전두환에게 재판장이 무기징역을 선고한 것이다. 이는 실제 법정은 아니었다. 이는 당시 서울대 법과대학 학술연구모임인 '형사법학회'에서 연 모의재판이었다. 1980년 5월 당시 윤석열은 서울대 법대 2학년 재학생이었다. 당시 서울대 교정엔 장갑차와 총을 든 군인들이 시퍼런 눈으로 똑바로 학생들의 일거수일투족을 감시하고 있었다. 권력이 서슬 퍼렇게 살아있는 상황에서 쿠데타 세력에게 정면으로 대항해 무기징역을 선고한 것은 용기 있는 행동이었다. 그는 결국 이 사건으로 경찰의 감시와 추적을 받자 외할머니가 계신 강릉으로 도피해 검거를 면할 수 있었다. 5·18광주민주화운동과 윤석열 대통령은 이처럼 1980년 당시부터 떼려야 뗄 수 없는 인연으로 묶여 있었다.

나. 현충일

　지금 우리가 누리고 있는 자유와 평화는 조국을 위해 희생하신 순국선열의 용기와 헌신 덕택이다. 자유와 민주주의, 인권이 더욱 살아 숨쉬는 자랑스러운 대한민국을 만드는 것이 그분들의 희생을 빛나게 하는 길이다.

　국가의 안보와 국민의 안전을 지키는 것이 영웅들의 사명이었다면, 남겨진 가족을 돌보는 것은 국가의 의무다. 확고한 보훈 체계는 강력한 국방력의 근간이다. 공정하고 합리적인 보훈 체계를 마련해 조금이라도 억울한 분들이 없도록 하겠다는 게 윤석열 대통령의 확고한 방침이다.

"'제복 입은 영웅이 존경받는 나라'를 만들어야"

　평시에도 국가안보와 국민 안전의 최일선에서 자신을 희생하는 분들이 있다. 민가 쪽으로 전투기가 추락하는 것을 막고자 끝까지 조종간을 놓지 않고 순직한 공군 제10전투비행단 고(故) 심정민 소령 등은 국가의 안보와 국민의 안전을 지키는 것이 자신들의 꿈이었던 영웅들이다. 제복 입은 영웅들이 존경받는 나라를 만들어야 한다. 영웅들의 용기를 국가의 이름으로 영원히 기억하며 유가족 가슴에도 자부심과 긍지가 꽃피도록 대한민국 정부와 국민이 함께 하겠다."

　윤석열 대통령은 2022년 6월 6일 제67회 현충일 추념사를 통해 이

같이 말하며 "국가유공자와 유족들을 더욱 따뜻하게 보듬겠다"고 다짐
했다.

국정 철학 관련
윤석열 대통령
주요 발언

독자들의 이해를 돕기 위해 윤석열 대통령이 정치 참여 선언 이후 최근까지 430여 차례에 걸쳐 발언한 자신의 철학 관련 주요 대목을 시간 순으로 정리했다.

**"산업화와 민주화로지금의 대한민국을 만든 위대한 국민,
그 국민의 상식으로부터 출발하겠습니다."**

2021년 6월 29일 정치 참여 및 대선 출마 선언문

**"자유민주국가에서는 나의 자유만 소중한 것이 아니라
다른 사람의 자유와 존엄한 삶 역시 마찬가지로 중요합니다.
존엄한 삶에 필요한 경제적 기초와 교육의 기회가 없다면
공허한 것입니다. 승자독식은 절대로 자유민주주의가 아닙니다.
자유를 지키기 위한 연대와 책임이 중요합니다.
그리고 이는 자유민주주의를 추구하는 국민의 권리입니다."**

2021년 6월 29일 정치 참여 및 대선 출마 선언문

"견해가 다른 사람들이 서로의 입장을 조정하고 타협하기 위해서는
과학과 진실이 전제되어야 합니다.
그것이 민주주의를 지탱하는 합리주의와 지성주의(知性主義)입니다."

2022년 5월 10일 제20대 윤석열 대통령 취임사

"인류 역사를 돌이켜보면 자유로운 정치적 권리, 자유로운 시장이
숨 쉬고 있는 곳은 언제나 번영과 풍요가 꽃 피었습니다.
번영과 풍요, 경제적 성장은 바로 자유의 확대입니다."

2022년 5월 10일 제20대 윤석열 대통령 취임사

"모두가 자유 시민이 되기 위해서는 공정한 규칙을 지켜야 하고
연대와 박애의 정신을 가져야 합니다."

2022년 5월 10일 제20대 윤석열 대통령 취임사

"도약과 빠른 성장은 오로지 과학과 기술,
그리고 혁신에 의해서만 이뤄낼 수 있습니다."

2022년 5월 10일 제20대 윤석열 대통령 취임사

"자유민주주의는 평화를 만들어내고, 평화는 자유를 지켜줍니다.
그리고 평화는 자유와 인권의 가치를 존중하는 국제사회와의 연대에 의해
보장됩니다. 일시적으로 전쟁을 회피하는 취약한 평화가 아니라
자유와 번영을 꽃피우는 지속 가능한 평화를 추구해야 합니다."

2022년 5월 10일 제20대 윤석열 대통령 취임사

"저는 자유, 인권, 공정, 연대의 가치를 기반으로 국민이
진정한 주인인 나라, 국제사회에서 책임을 다하고 존경받는 나라를
위대한 국민 여러분과 함께 반드시 만들어 나가겠습니다."

2022년 5월 10일 제20대 윤석열 대통령 취임사

"진정한 자유민주주의는 바로 의회주의라는 신념을 저는 가지고
있습니다. 의회주의는 국정운영의 중심이 바로 의회라는 것입니다.
저는 법률안, 예산안뿐 아니라 국정의 주요 사안에 관해 의회 지도자 및
의원 여러분과 긴밀하게 논의하겠습니다."

2022년 5월 16일 윤석열 대통령 국회 시정연설

"오월 정신은 보편적 가치의 회복이고,
자유민주주의 헌법 정신 그 자체입니다.
오월 정신은 지금도 자유와 인권을 위협하는 일체의 불법 행위에 대해
강력하게 저항할 것을 우리에게 명령하고 있습니다.
5·18은 현재도 진행 중인 살아있는 역사입니다.
이를 책임 있게 계승해 나가는 것이야말로
우리의 후손과 나라의 번영을 위한 출발입니다."

2022년 5월 18일 제42주년 5·18민주화운동 기념식

"이제 광주와 호남이 자유민주주의와 인권이라는 보편적 가치 위에
담대한 경제적 성취를 꽃피워야 합니다."

2022년 5월 18일 제42주년 5·18민주화운동 기념식

"자유민주주의와 인권의 가치는 우리 국민을 하나로 묶는
통합의 철학입니다. 그러므로 자유민주주의를 피로써 지켜낸
오월의 정신은 바로 국민통합의 주춧돌입니다."

2022년 5월 18일 제42주년 5·18민주화운동 기념식

"오월의 정신이 우리 국민을 단결하게 하고 위기와 도전에서
우리를 지켜줄 것이라고 저는 확신합니다. 그런 의미에서 자유와 정의,
그리고 진실을 사랑하는 우리 대한민국 국민 모두는 광주 시민입니다."

2022년 5월 18일 제42주년 5·18민주화운동 기념식

"(상략) 한미동맹을 글로벌 포괄적 전략동맹으로 발전시켜 나간다는
목표를 공유하고…(중략)…지난 69년에 걸쳐 역내 평화·번영의
핵심축으로서 발전해 온 한미동맹은 이제 북한의 비핵화라는
오랜 과제와 함께, 팬데믹 위기, 교역 질서 변화와 공급망 재편,
기후변화, 민주주의 위기 등 새로운 도전과제에 직면해 있습니다.
이러한 도전은 자유민주주의와 인권이라는 보편적 가치를
공유하는 국가들의 연대를 통해서 극복할 수 있습니다.
그리고 한미동맹은 그러한 연대의 모범입니다."

2022년 5월 21일 한미 공동기자회견 윤석열 대통령 모두 발언

"새로운 현실에 맞게 한미동맹도 한층 진화해 나가야 합니다.
말뿐이 아닌 행동으로, 양국 국민이 체감할 수 있는 혜택들을
끊임없이 고민하고 만들어 나가야 합니다."

2022년 5월 21일 한미 공동기자회견 윤석열 대통령 모두 발언

"대한민국은 자유민주주의와 시장경제 체제를 기반으로 빠른 성장과 발전을 이뤄냈습니다. 한국은 IPEF(인도·태평양 경제프레임워크)가 포괄하는 모든 분야에서 이러한 경험을 나누고 협력할 것입니다."

2022년 5월 23일 IPEF 출범 정상회의 기조연설

"새 정부는 자유민주주의와 시장경제 체제를 기반으로 새로운 도약을 이뤄나갈 것입니다. 민간이 창의와 혁신을 바탕으로 경제 성장을 주도해 나갈 수 있도록 적극 뒷받침하겠습니다."

2022년 5월 18일 제42주년 5·18민주화운동 기념식

"인류의 역사를 보면 바다를 적극적으로 개척한 국가가 발전과 번영을 이루었습니다. 우리나라가 세계 10위권의 경제 대국으로 발돋움할 수 있었던 원동력도 3면의 바다를 적극 활용했기 때문에 가능했습니다."

2022년 5월 31일 제27회 바다의 날 기념식

"자유와 민주주의, 그리고 인권이 더욱 살아 숨 쉬는 자랑스러운
대한민국을 만드는 것이 그분들의 희생을 빛나게 하는 길이라 믿습니다.
더 이상 영웅들의 희생이 남겨진 가족의 눈물로
이어져서는 안 될 것입니다."

2022년 6월 6일 제67회 현충일 추념사

"국가의 안보와 국민의 안전을 지키는 것이 영웅들의 사명이었다면
남겨진 가족을 돌보는 것은 국가의 의무입니다.
국가유공자와 유족들을 더욱 따뜻하게 보듬겠습니다.
확고한 보훈 체계는 강력한 국방력의 근간입니다."

2022년 6월 6일 제67회 현충일 추념사

"어려울수록, 또 위기에 처할수록 민간 주도, 시장 주도로
우리 경제의 체질을 완전히 바꿔야 합니다.
그렇지 않으면 복합 위기를 극복해 나가기가 어렵습니다."

2022년 6월 16일 새 정부 경제정책 방향 발표 회의 모두 발언

"정부는 민간의 혁신과 신사업을 가로막는 낡은 제도, 그리고 법령에 근거
하지 않은 관행적인 그림자 규제, 이런 것들을 모조리 걷어낼 것입니다."

2022년 6월 16일 새 정부 경제정책 방향 발표 회의 모두 발언

"국민께서 직면하고 있는 물가, 금리, 주거 문제는
시급히 해결해 나가야 합니다."

2022년 6월 16일 새 정부 경제정책 방향 발표 회의 모두 발언

"경제가 어려울수록 가장 타격을 받는 것은 바로 서민과 취약계층입니다. 정부는 민생안정에 사활을 걸어야 합니다. …(중략)… 더 어려운 이들을 위해 부담을 나누고 연대하고 협력해야 더 빨리 위기를 극복할 수 있습니다."

2022년 7월 8일 제1차 비상경제민생회의

"통합은 가치의 공유를 전제로 이루어지는 것입니다. 자유, 인권, 법치, 연대라는 보편적 가치가 통합의 밑거름이라고 생각합니다. 서로 생각이 완전히 다른 사람끼리 싸우지 않고 평화와 공존을 유지하는 그런 것을 통합이라고 보기는 어렵습니다. 저는 서로 다른 생각을 가진 사람들끼리 평화롭게 지내면서도 인류 보편적 가치가 우리 국민 모두에게 더 확산되고 이를 공유할 수 있도록 함께 노력해서 진정한 통합의 밑거름이 될 수 있도록 해야 한다는 생각을 가지고 있습니다."

2022년 7월 27일 국민통합위원회 출범식 모두 발언

"오늘 추모의 벽에 미군 전사자 36,634명과 한국군 카투사 7,174명의 이름을 한 분 한 분 새김으로써 우리는 그들을 영원히 기억할 수 있게 되었습니다. …(중략)… 한국전 참전용사 여러분, 여러분은 대한민국을 지켜낸 자유의 수호자이자 진정한 영웅입니다. 대한민국 정부와 국민은 여러분들의 희생과 헌신을 영원히 기억할 것이며, 여러분의 희생 위에 우뚝 세워진 한미동맹을 더욱 굳건히 지켜나갈 것입니다."

2022년 7월 27일 '워싱턴DC 추모의 벽' 준공식 대통령 축사

"정부는 방위산업을 경제성장을 선도하는 첨단 전략 산업으로
육성할 것입니다. 세계적인 수준의 첨단 무기체계 개발이 방산 수출과
성장의 동력으로 이어지게 할 것입니다."

2022년 7월 28일 정조대왕함 진수식 축사

"오늘날 우리가 마음껏 누리고 있는 이 자유는 일제강점기의
암울한 현실과 절망 속에서도 오직 자유와 조국의 독립을 위해
자신의 목숨을 초개와 같이 던진 분들의 희생 위에 서 있는 것입니다. …
(중략)… 앞으로도 정부는 국가와 국민을 위해 희생하고 헌신하는 분들을
책임 있게 예우하는 데 한치의 소홀함이 없도록 할 것입니다."

2022년 8월 14일 한국광복군 선열 합동봉송식 추모사

"일제강점기 독립운동은 3·1 독립선언과 상해 임시정부 헌장,
그리고 매헌 윤봉길 선생의 독립 정신에서 보는 바와 같이
국민이 주인인 민주공화국, 자유와 인권,
법치가 존중되는 나라를 세우기 위한 것이었습니다.
자유와 인권이 무시되는 전체주의 국가를 세우기 위한
독립운동은 결코 아니었습니다."

2022년 8월 15일 제77주년 광복절 경축사

"독립운동은 거기서 끝난 것이 아닙니다. 그 이후 공산 세력에 맞서
자유국가를 건국하는 과정, 자유민주주의의 토대인 경제성장과 산업화를
이루는 과정, 그리고 이를 바탕으로 민주주의를 발전시켜 온 과정을 통해
계속되어왔고 현재도 진행 중인 것입니다."

2022년 8월 15일 제77주년 광복절 경축사

"진정한 자유의 경제적 토대를 만들기 위해 땀 흘리신 산업의 역군과
지도자들, 제도적 민주주의를 정착시키기 위해 희생과 헌신을
해오신 분들이 자유와 번영의 대한민국을 만든 위대한
독립운동가라는 점도 우리는 잊지 말아야 합니다."

2022년 8월 15일 제77주년 광복절 경축사

"한일관계가 보편적 가치를 기반으로 양국의 미래와 시대적 사명을
향해 나아갈 때 과거사 문제도 제대로 해결될 수 있습니다.
한일관계의 포괄적 미래상을 제시한 김대중-오부치 공동선언을
계승하여 한일관계를 빠르게 회복하고 발전시키겠습니다."

2022년 8월 15일 제77주년 광복절 경축사

"우리의 독립운동 정신인 자유는 평화를 만들어내고
평화는 자유를 지켜줍니다."

2022년 8월 15일 제77주년 광복절 경축사

"경제적 문화적 기초를 서민과 약자에게 보장하는 것은
우리가 추구하는 보편적 가치인 자유와 연대의 핵심입니다."

2022년 8월 15일 제77주년 광복절 경축사

"갈수록 심화하는 양극화와 사회적 갈등은 우리 사회가 반드시 해결해야
할 과제입니다. 이를 본질적으로 해결하기 위해서는 도약과 혁신이
반드시 필요합니다. 도약은 혁신에서 나오고 혁신은 자유에서 나옵니다.
민간 부문이 도약 성장을 할 수 있도록 규제를 혁신하겠습니다."

2022년 8월 15일 제77주년 광복절 경축사

"우리의 독립운동은 끊임없는 자유 추구의 과정으로서
현재도 진행 중이며, 앞으로도 계속될 것입니다."

2022년 8월 15일 제77주년 광복절 경축사

"대한민국에 자유와 번영을 가져다준 우리의 헌법 질서는 엄혹했던 일제 강점기에 조국의 독립을 위해 헌신하신 분들의 위대한 독립 정신 위에 서 있는 것입니다. 자유, 인권, 법치라는 보편적 가치를 기반으로 함께 연대하여 세계 평화와 번영에 책임 있게 기여하는 것이야말로 독립운동에 헌신하신 분들의 뜻을 이어가고 지키는 것입니다."

2022년 8월 15일 제77주년 광복절 경축사

"한중 양국이 상호 존중의 정신에 기반하여 새로운 협력 방향을 모색하면서, 보다 성숙하고 건강한 관계로 나아가기를 희망합니다. 이를 위해 고위급 교류를 활성화하고, 공급망을 비롯한 경제안보 문제, 환경, 기후변화 등 다양한 분야에서 실질 협력을 강화하여 양 국민들이 체감할 수 있는 구체적인 성과를 달성해 나가기를 희망합니다."

2022년 8월 24일 한중 수교 30주년 기념 양국 정상 축사

"어렵고 힘든 시기마다 우리는 희망을 나누고 함께 힘을 모아 위기를 극복해왔습니다. 경제가 어려울 때 더 고통받는 서민과 사회적 약자를 넉넉하게 보듬는 사회를 만들겠습니다. 자기 목소리조차 내기 어려운 사회적 약자를 배려하고 챙기는 진정한 '약자 복지'가 필요합니다. 정부와 의료기관, 그리고 이웃이 힘을 합쳐 사회안전망에서 어느 누구도 소외되는 분들이 없도록 하겠습니다. 어려운 국민의 목소리를 세심하게 듣고 국민의 마음을 어루만지는 정부가 되겠습니다."

2022년 9월 8일 2022년 윤석열 대통령 한가위 메시지

"유엔 헌장은 더 많은 자유 속에서 사회적 진보와 생활 수준의 향상을 촉진할 것을 천명하고 있습니다. 또한 국제평화와 안전을 유지하기 위한 인류의 연대를 촉구하고 있습니다. 한 국가 내에서 어느 개인의 자유가 위협받을 때 공동체 구성원들이 연대해서 그 위협을 제거하고 자유를 지켜야 하듯이 국제사회에서도 어느 세계 시민이나 국가의 자유가 위협받을 때 국제사회가 연대하여 그 자유를 지켜야 합니다."

2022년 9월 20일 제77차 유엔총회 기조연설

"진정한 자유는 속박에서 벗어나는 것만이 아니라 자아를 인간답게 실현할 수 있는 기회를 갖는 것이고, 진정한 평화는 단지 전쟁이 없는 상태가 아니라 인류 공동 번영의 발목을 잡는 갈등과 반복을 해소하고 인류가 더 번영할 수 있는 토대를 갖추는 것입니다."

2022년 9월 20일 제77차 유엔총회 기조연설

"진정한 자유와 평화는 질병과 기아로부터의 자유, 문맹으로부터의 자유, 에너지와 문화의 결핍으로부터의 자유를 통해 실현될 수 있습니다."

2022년 9월 20일 제77차 유엔총회 기조연설

"UN이 창립된 직후 세계 평화를 위한 첫 번째 의미 있는 미션은 대한민국을 한반도의 유일한 합법 정부로 승인하고 UN군을 파견하여 대한민국의 자유를 수호한 것이었습니다."

2022년 9월 20일 제77차 유엔총회 기조연설

"디지털은 그 자체가 기술인 동시에 하나의 혁명입니다. …(중략)…
디지털의 본질은 속도입니다. 모든 것을 연결하고 무한히 확장시켜
시공간의 한계를 뛰어넘는 것입니다. 디지털이 우리 삶에 미치는
영향력은 점점 더 커지고 있습니다. 정치, 경제, 사회, 문화의 중심부를
관통하는 디지털 변화를 수용하면서 인류의 보편적 가치를
지키기 위해서는 새로운 차원의 디지털 질서가 필요합니다."

2022년 9월 21일 뉴욕대학교 디지털 비전 포럼

"우리 군은 건군 이래 지난 74년 동안 대한민국의 든든한 수호자로서
역할과 책임을 다해 왔습니다. 6·25전쟁에서 피와 땀으로 조국을 지키고,
자유를 수호했습니다. 북한의 끊임없는 도발과 안보 위협에도 한 치의
흔들림 없는 대비 태세로 나라를 지켜왔습니다. 그리고 국가적 재난재해
앞에서는 국민의 생명과 안전을 지키기 위해 헌신함으로써 국민 여러분께
큰 위안과 감동을 주었습니다. 우리 국민이 지금의 자유를 누릴 수 있는
것은 뜨거운 애국심과 투철한 사명감으로 대한민국을 수호해 온
국군 장병들이 있었기에 가능한 것이었습니다."

2022년 10월 1일 건군 제74주년 국군의 날 기념행사

"앞으로 정부는 한미 연합훈련과 연습을 보다 강화하여 북한의 도발과
위협에 강력히 대응하는 '행동하는 동맹'을 구현해 나갈 것입니다."

2022년 10월 1일 건군 제74주년 국군의 날 기념행사

"우리 정부는 재정 건전화를 추진하면서도 서민과 사회적 약자를 더욱 두 텁게 지원하는 '약자 복지'를 추구하고 있습니다."

2022년 10월 25일 2023년도 예산안 및 기금운용 계획안 대통령 시정연설문

"힘에 의한 일방적인 현상 변경은 결코 용인되어서는 안 될 것입니다. … (중략)… 기후 변화, 디지털 격차, 보건과 같은 분야에서 한국은 적극적인 기여 외고를 수행하겠습니다. 자유, 평화, 번영의 3대 비전을 바탕으로 포용, 신뢰, 호혜의 3대 협력 원칙 하에 인도-태평양 전략을 이행할 것입니다."

2022년 11월 11일 한-ASEAN 정상회의 윤 대통령 모두 발언

"국경을 초월해서 누구도 소외되지 않고, 디지털 시대의 혜택을 공유할 수 있도록 B20가 중심이 돼서 인류가 공감하는 디지털 질서를 정립해 나가기를 기대합니다. 한국 정부는 새로운 디지털 질서의 구축을 위한 G20 차원의 논의를 선도하고 B20과 G20이 긴밀한 협의를 통해 이를 구현해 나가도록 적극 지원하겠습니다."

2022년 11월 14일 B20 서밋 기조연설

"자유, 인권, 법치라는 보편적 가치를 공유하는 나라들이 경제와 산업을 통해 연대하고 있으며, 보편적 가치를 기반으로 한 연대는 지금의 외교적 현실에서 가장 전략적인 선택입니다."

2023년 1월 1일 2023년 윤석열 대통령 신년사

"대한민국의 미래와 미래 세대의 운명이 달린 노동, 교육, 연금 3대 개혁을 더 이상 미룰 수 없습니다."

2023년 1월 1일 2023년 윤석열 대통령 신년사

"대한민국은 디지털 권리장전을 마련하여 글로벌 디지털 질서의 정립에 기여할 것입니다. 디지털 권리장전은 디지털 기술을 향유할 권리를 인간의 보편적 권리로 규정하고 4차 산업혁명 시대에 발생하는 새로운 이슈를 해결하기 위한 원칙을 제시할 것입니다."

2023년 1월 19일 2023년 세계경제포럼(WEF) 연차총회 특별연설

"저는 그동안 국정운영과 국제관계에 있어 자유, 인권, 법치라는 보편적 가치를 강조하고, 이를 공유하는 국가 간 연대와 협력의 중요성을 역설해 왔습니다. 저는 이 보편적 가치의 공유와 실천에 우리 미래가 달려있다고 생각합니다. 여러분, 혁신을 통해 비약적인 성장을 이룬 나라를 보십시오. 자유와 창의가 존중되고 공정한 기회가 보장되는 곳에서 혁신이 탄생했습니다. 보편적 가치를 공유하는 국가들의 연대와 국제 협력에서 혁신이 탄생했습니다. 또 정부와 민간 각 분야 지도자들의 전략적 리더십이 돋보이는 곳에서 혁신이 탄생했습니다. 저는 오늘 졸업하는 연세인 여러분이 앞으로 우리 사회 각 분야에서 혁신을 이끌 리더가 될 것이라고 확신합니다."

2023년 2월 27일 연세대 학위수여식 윤석열 대통령 축사

"104년 전 3·1 만세운동은 기미독립선언서와 임시정부 헌장에서 보는 바와 같이 국민이 주인인 나라, 자유로운 민주국가를 세우기 위한 독립운동이었습니다."

2023년 3월 1일 제104주년 3·1절 기념사

"우리가 변화하는 세계사의 흐름을 제대로 읽지 못하고 미래를 준비하지 못한다면 과거의 불행이 반복될 것이 자명합니다."

2023년 3월 1일 제104주년 3·1절 기념사

"우리가 이룩한 지금의 번영은 자유를 지키고 확대하기 위한
끊임없는 노력과 보편적 가치에 대한 믿음의 결과였습니다."

2023년 3월 1일 제104주년 3·1절 기념사

"영광의 역사든, 부끄럽고 슬픈 역사든, 역사는 잊지 말아야 합니다.
반드시 기억해야 합니다.
우리가 우리의 미래를 지키고 준비하기 위해서입니다."

2023년 3월 1일 제104주년 3·1절 기념사

"우리는 보편적 가치를 공유하는 국가들과 연대하고 협력해서 우리와
세계시민의 자유 확대와 공동 번영에 책임 있는 기여를 해야 합니다."

2023년 3월 1일 제104주년 3·1절 기념사

"존경하는 국민 여러분, 우리 모두 기미 독립선언의 정신을 계승해서
자유, 평화, 번영의 미래를 함께 만들어 갑시다."

2023년 3월 1일 제104주년 3·1절 기념사

"세금의 역사는 자유민주주의의 역사입니다. 국가는 개인의 자유와 창의, 그리고 재산권을 최대한 보장하고, 개인은 법률이 정한 납세를 통해 사회에 대한 책임을 다하는 것이 민주주의의 시작이라 할 수 있는 '마그나 카르타-Magna Carta' 정신이고, 대한민국 헌법이 정한 자유민주주의, 시장경제의 정신입니다."

2023년 3월 3일 제57회 납세자의 날 기념식 축사

"우리의 헌법정신인 자유민주주의를 수호하고 강력한 안보를 바탕으로 진정한 평화와 번영의 시대를 열라는 국민의 목소리를 새겨 우리의 미래를 제대로 준비해 나갈 것입니다."

2023년 3월 10일 해군사관학교 제77기 졸업 및 임관식

"국가 안보는 우리 미래의 핵심축입니다. 정부와 군은 어떠한 위협에도 빈틈없는 안보태세를 유지해 나갈 것입니다."

2023년 3월 10일 해군사관학교 제77기 졸업 및 임관식

"어떠한 도전 앞에서도 우리는 자유민주주의를 수호하고, 한반도의 평화와 번영을 성취해야 합니다.

2023년 3월 10일 해군사관학교 제77기 졸업 및 임관식

"무엇보다 강력한 국방력이 뒷받침되어야 합니다. 그래야만, 상대방의 선의에 기대는 '가짜 평화'가 아닌 스스로의 힘으로 우리의 안보를 지키는 '진정한 평화'를 구축할 수 있습니다. 북한의 핵·미사일 위협에 대해서는 한·미 핵 기획 및 실행체계를 확립하여 확장 억제를 더욱 강화해 나갈 것입니다. 한국형 3축 체계를 포함해 압도적인 대응능력과 응징태세를 구축할 것입니다."

2023년 3월 10일 해군사관학교 제77기 졸업 및 임관식

"한미 연합연습과 훈련을 더욱 강화하여 '행동하는 동맹'을 구현하겠습니다."

2023년 3월 10일 해군사관학교 제77기 졸업 및 임관식

"헌신과 명예를 선택한 여러분이 조국 수호의 숭고한 임무에 전념할 수 있도록 저 역시 국군통수권자로서 최선을 다해 지원하겠습니다. 제복 입은 영웅들이 존경받고 예우받는 대한민국을 국민과 함께 만들어 나갈 것입니다. 여러분 역시 국민으로부터 신뢰받고 사랑받는 국민의 해군, 국민의 해병대가 되어 주십시오."

2023년 3월 10일 해군사관학교 제77기 졸업 및 임관식

"한국과 일본은 자유, 인권, 법치의 보편적 가치를 공유하고, 안보, 경제, 글로벌 어젠다에서 공동의 이익을 추구하는 가장 가까운 이웃이자 협력해야 할 파트너입니다."

2023년 3월 16일 한-일 공동 기자 회견문

"올해는 과거를 직시하고 상호 이해와 신뢰에 기초한 관계를
발전시키고자 1998년 발표된 '김대중-오부치 공동선언' 25주년이
되는 해입니다. 이번 회담은 김대중-오부치 공동선언의 정신을
발전적으로 계승하여 양국 간 불행한 역사를 극복하고,
'한일 간 협력의 새 시대'를 여는 첫걸음이 되었습니다."

2023년 3월 16일 한-일 공동 기자 회견문

"만약 우리가 현재와 과거를 서로 경쟁시킨다면 반드시 미래를
놓치게 될 것이다. …(중략)… 과거는 직시하고 기억해야 합니다.
그러나 과거에 발목이 잡혀서는 안 됩니다."

2023년 3월 21일 제12회 국무회의 윤석열 대통령 모두 발언

"지금 우리는 역사의 새로운 전환점에 서 있습니다. 저는 현명한 우리
국민을 믿습니다. 한일관계 정상화는 결국 우리 국민에게 새로운
자긍심을 불러일으킬 것이며, 우리 국민과 기업들에게 커다란 혜택으로
보답할 것입니다. 그리고 무엇보다 미래세대 청년세대에게
큰 희망과 기회가 될 것이 분명합니다."

2023년 3월 21일 제12회 국무회의 윤석열 대통령 모두 발언

"국제적으로는 힘에 의한 현상 변경 시도가 자유를 위협하고 있고,
온라인을 타고 전방위로 확산되는 가짜뉴스는 자유를 보장하는
민주주의를 위협하고 있습니다. 민주주의는 자유를 지키기 위한 공동체의
의사결정 시스템입니다. 잘못된 허위정보와 선동은 국민의 의사결정을
왜곡하고 선거와 같은 민주주의의 본질적 시스템을 와해시킵니다."

2023년 3월 29일 제2차 민주주의 정상회의 연설문

"대한민국은 자유민주주의 국가입니다. 무고한 4·3 희생자들의 넋을
기리고, 그 유가족들의 아픔을 국민과 함께 어루만지는 일은 자유와
인권을 지향하는 자유민주주의 국가의 당연한 의무입니다.
정부는 4·3 희생자들과 유가족들의 명예 회복을 위해 최선을 다하고,
생존 희생자들의 고통과 아픔을 잊지 않고 보듬어 나갈 것입니다."

2023년 4월 3일 제75주년 제주 4 · 3 희생자 추념식

"자유민주주의는 인쇄 기술이 불러온 신문의 탄생과 보편화를 통해
발전하고 성장할 수 있었습니다. 정확한 정보를 전달하기 위한
신문인들의 노력은 우리의 헌법 정신이자 번영의 토대인
자유민주주의를 지키는 원동력입니다."

2023년 4월 6일 제67회 신문의 날 기념 축사

"민주주의는 자유와 인권을 보장하기 위한 공동체의 의사결정 시스템입니다. 잘못된 허위정보와 선동은 민주주의를 위협하고, 국민의 의사결정을 왜곡함으로써 선거와 같은 민주주의의 본질적 시스템까지 화해시킵니다. 신문이 정확한 정보의 생산으로 독자들로부터 신뢰받을 때 우리의 민주주의도 더욱 발전할 수 있습니다."

2023년 4월 6일 제67회 신문의 날 기념 축사

"4·19혁명 정신은 대한민국 헌법 정신이 되었습니다. 우리 정부는 어느 한 사람의 자유도 소홀히 취급되어서는 안 된다는 4.19정신이 국정 운영뿐 아니라 국민의 삶에도 깊이 스며들게 하겠습니다."

2023년 4월 19일 제63주년 4 · 19 혁명 기념식

국정 비전과 원칙,
국정 목표와
국정과제

윤석열 대통령은 2022년 7월 22일 국가공무원인재개발원 과천분원에서 '장·차관 국정과제 워크숍'을 주재하고 새 정부 120대 국정과제를 확정했다. 대통령직 인수위원회에서는 건의한 110대 국정과제와 '지역 균형 발전특위'에서 제안한 지방 관련 국정과제 10개가 합쳐진 것이다.

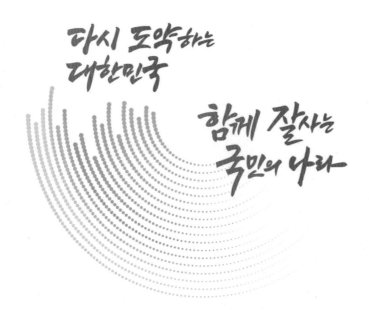

윤석열정부 120대 국정과제

6대 국정목표

정치행정	상식이 회복된 **반듯한 나라**
경제	민간이 끌고 정부가 미는 **역동적 경제**
사회	따뜻한 동행, 모두가 **행복한 사회**
미래	자율과 창의로 만드는 **담대한 미래**
외교안보	자유·평화·번영에 기여하는 **글로벌 중추국가**
지방시대	대한민국 어디서나 **살기 좋은 지방시대**

윤석열 정부 국정 비전과 국정 목표	
국정 비전	다시 도약하는 대한민국, 함께 잘 사는 국민의 나라
국정 운영 원칙	국익, 실용, 공정, 상식
국정 목표	1. 상식이 회복된 반듯한 나라 2. 민간이 끌고 정부가 미는 역동적 경제 3. 따뜻한 동행, 모두가 행복한 사회 4. 자율과 창의로 만드는 담대한 미래 5. 자유, 평화, 번영에 기여하는 글로벌 중추국가 6. 대한민국 어디서나 살기 좋은 지방시대

다시 도약하는
대한민국

함께 잘사는
국민의 나라

윤석열정부
120대
국 정 과 제

2022년 7월

 대한민국정부

국 정 비 전
다시 도약하는 대한민국, 함께 잘 사는 국민의 나라

국정운영원칙 : 국익, 실용, 공정, 상식

⇧ ⇧

국정목표1

상식이 회복된 반듯한 나라

① 상식과 공정의 원칙을 바로 세우겠습니다.
② 국민의 눈높이에서 부동산 정책을 바로잡겠습니다.
③ 소통하는 대통령, 일 잘하는 정부가 되겠습니다.

국정목표2

민간이 끌고 정부가 미는 역동적 경제

④ 경제체질을 선진화하여 혁신성장의 디딤돌을 놓겠습니다.
⑤ 핵심전략산업 육성으로 경제 재도약을 견인하겠습니다.
⑥ 중소·벤처기업이 경제의 중심에 서는 나라를 만들겠습니다.
⑦ 디지털 변환기의 혁신금융시스템을 마련하겠습니다.
⑧ 하늘·땅·바다를 잇는 성장인프라를 구축하겠습니다.

국정목표3

따뜻한 동행, 모두가 행복한 사회

⑨ 필요한 국민께 더 두텁게 지원하겠습니다.
⑩ 노동의 가치가 존중받는 사회를 만들겠습니다.
⑪ 국민과 함께하는 일류 문화매력국가를 만들겠습니다.
⑫ 국민의 안전과 건강, 최우선으로 챙기겠습니다.
⑬ 살고 싶은 농산어촌을 만들겠습니다.

국정목표4

자율과 창의로 만드는 담대한 미래

⑭ 과학기술이 선도하는 도약의 발판을 놓겠습니다.
⑮ 창의적 교육으로 미래 인재를 키워내겠습니다.
⑯ 탄소중립 실현으로 지속가능한 미래를 만들겠습니다.
⑰ 청년의 꿈을 응원하는 희망의 다리를 놓겠습니다.

국정목표5

자유, 평화, 번영에 기여하는 글로벌 중추국가

⑱ 남북관계를 정상화하고, 평화의 한반도를 만들겠습니다.
⑲ 자유민주주의 가치를 지키고, 지구촌 번영에 기여하겠습니다.
⑳ 과학기술 강군을 육성하고, 영웅을 영원히 기억하겠습니다.

국정목표6

대한민국 어디서나 살기 좋은 지방시대

㉑ 진정한 지역주도 균형발전 시대를 열겠습니다.
㉒ 혁신성장기반 강화를 통해 지역의 좋은 일자리를 만들겠습니다.
㉓ 지역 스스로 고유한 특성을 살릴 수 있도록 지원하겠습니다.

윤석열 정부의 청사진은 크게 4단계로 이뤄져 있다. 맨 위의 국정 비전 아래 6개의 국정 목표와 23개 약속, 120개 국정과제가 제시됐다. 국정 목표와 과제를 실천하기 위한 국정 운영원칙은 '국익, 실용, 공정, 상식' 등 4가지다.

국정 비전은 '다시 도약하는 대한민국, 함께 잘사는 국민의 나라'다. 국정 비전을 달성하기 위해 4대 기본부문(정치·행정, 경제, 사회, 외교·안보) 외에 '미래'와 '지방시대'를 추가해 6대 국정 목표를 설정했다.

6개 국정 목표는 ① 상식이 회복된 반듯한 나라(정치·행정) ② 민간이 끌고 정부가 미는 역동적 경제(경제) ③ 따뜻한 동행 모두가 행복한 나라(사회) ④ 자율과 창의로 만드는 담대한 미래(미래) ⑤ 자유·평화·번영에 기여하는 글로벌 중추국가 (외교·안보) ⑥ 대한민국 어디서나 살기 좋은 지방시대(지방시대)다.

'미래'를 추가한 것은 미래 먹거리 산업 발굴에 매진하는 한편 나라를 순간순간의 인기나 여론에 영합하는 포퓰리즘 정책이 아니라 먼 장래를 보고 필요한 정책은 설령 여론의 역풍이 불더라도 추진하겠다는 결연한 의지의 표현이다. '지방시대'를 추가한 것은 최근 소멸 위기를 겪고 있는 지방을 반드시 살리겠다는 뜻이다.

'국민께 드리는 23개 약속'은 국정 목표에 따라 3~5개로 구성됐다. 이전 정부에서는 '국정전략(추진전략)'이라고 했지만, 윤석열 정부는 국민 입장에서 국정 목표를 확실히 이행하겠다는 뜻에서 '국민께 드리는 약속'으로 변경했다. 120개 국정과제는 국정 목표에 따라 10~32개로 구성됐다.

윤석열정부 120대 국정과제

"다시 도약하는 대한민국, 함께 잘 사는 국민의 나라"

국정과제 (주관부처)

상식이 회복된 반듯한 나라 (15개)

(약속01) 상식과 공정의 원칙을 바로 세우겠습니다.

01. 코로나19 피해 소상공인·자영업자의 완전한 회복과 새로운 도약(중기부)
02. 감염병 대응체계 고도화(질병청)
03. 탈원전 정책 폐기 및 원자력산업 생태계 강화(산업부)
04. 형사사법 개혁을 통한 공정한 법집행(법무부)
05. 민간주도 성장을 뒷받침 하는 재정 정상화 및 지속가능성 확보(기재부)
06. 미디어의 공정성·공공성 확립 및 국민 신뢰 회복(방통위)

(약속02) 국민의 눈높이에서 부동산 정책을 바로잡겠습니다.

07. 주택공급 확대, 시장기능 회복을 통한 주거안정 실현(국토부)
08. 안정적 주거를 위한 부동산세제 정상화(기재부)
09. 대출규제 정상화 등 주택금융제도 개선(금융위)
10. 촘촘하고 든든한 주거복지 지원(국토부)

(약속3) 소통하는 대통령, 일 잘하는 정부가 되겠습니다.

11. 모든 데이터가 연결되는 세계 최고의 디지털플랫폼정부 구현(과기정통부·행안부·개인정보위)
12. 국정운영 방식의 대전환, 자율·책임·소통의 정부(국조실)
13. 유연하고 효율적인 정부체계 구축(행안부·권익위·법제처)
14. 공정과 책임에 기반한 역량있는 공직사회 실현(인사처)
15. 공공기관 혁신을 통해 질 높은 대국민 서비스 제공(기재부)

국정과제 (주관부처)

민간이 끌고 정부가 미는 역동적 경제 (26개)	**[약속04] 경제체질을 선진화하여 혁신성장의 디딤돌을 놓겠습니다.** 16 규제시스템 혁신을 통한 경제활력 제고 (국조실) 17 성장지향형 산업전략 추진 (산업부) 18 역동적 혁신성장을 위한 금융·세제 지원 강화 (기재부·금융위) 19 거시경제 안정과 대내외 리스크 관리 강화(기재부) 20 산업경쟁력과 공급망을 강화하는 新산업통상전략 (산업부) 21 에너지안보 확립 및 에너지 新산업·新시장 창출 (산업부) 22 수요자 지향 산업기술 R&D 혁신 및 지식재산 보호 강화 (산업부) **[약속05] 핵심전략산업 육성으로 경제 재도약을 견인하겠습니다.** 23 제조업 등 주력산업 고도화로 일자리 창출 기반 마련(산업부) 24 반도체·AI·배터리 등 미래전략산업 초격차 확보 (산업부) 25 바이오·디지털헬스 글로벌 중심국가 도약 (복지부) 26 신성장동력 확보를 위한 서비스 경제 전환 촉진 (기재부) 27 글로벌 미디어 강국 실현 (방통위·과기정통부) 28 모빌리티 시대 본격 개막 및 국토교통산업의 미래 전략산업화 (국토부) **[약속06] 중소·벤처기업이 경제의 중심에 서는 나라를 만들겠습니다.** 29 공정한 경쟁을 통한 시장경제 활성화 (공정위) 30 공정거래 법집행 개선울 통한 피해구제 강화 (공정위) 31 중소기업 정책을 민간주도 혁신성장 관점에서 재설계 (중기부) 32 예비 창업부터 글로벌 유니콘까지 완결형 벤처생태계 구현 (중기부) 33 불공정거래, 기술탈취 근절 및 대·중소기업 동반성장 확산 (중기부) **[약속07] 디지털 변환기의 혁신금융시스템을 마련하겠습니다.** 34 미래 금융을 위한 디지털 금융혁신 (금융위) 35 디지털 자산 인프라 및 규율체계 구축 (금융위) 36 자본시장 혁신과 투자자 신뢰 제고로 모험자본 활성화 (금융위) 37 금융소비자 보호 및 권익향상(금융위) 37 금융소비자 보호 및 권익향상 (금융위) **[약속08] 하늘·땅·바다를 잇는 성장 인프라를 구축하겠습니다.** 38 국토공간의 효율적 성장전략 지원 (국토부) 39 빠르고 편리한 교통 혁신 (국토부) 40 세계를 선도하는 해상교통물류체계 구축 (해수부) 41 해양영토 수호 및 지속가능한 해양 관리 (해수부·해경청)

[약속09] 필요한 국민께 더 두텁게 지원하겠습니다.

42 지속 가능한 복지국가 개혁 (복지부)
43 국민 맞춤형 기초보장 강화 (복지부)
44 사회서비스 혁신을 통한 복지·돌봄서비스 고도화 (복지부)
45 100세 시대 일자리·건강·돌봄체계 강화 (복지부)
46 안전하고 질 높은 양육환경 조성 (복지부)
47 장애인 맞춤형 통합지원을 통한 차별없는 사회 실현 (복지부)
48 누구 하나 소외되지 않는 가족, 모두가 함께하는 사회 구현 (여가부·법무부·농식품부)

[약속10] 노동의 가치가 존중받는 사회를 만들겠습니다.

49 산업재해 예방 강화 및 기업 자율의 안전관리체계 구축 지원 (고용부)
50 공정한 노사관계 구축 및 양성평등 일자리 구현(고용부)
51 노사 협력을 통한 상생의 노동시장 구축 (고용부)
52 일자리 사업의 효과성 제고 및 고용서비스 고도화(고용부)
53 고용안전망 강화 및 지속가능성 제고 (고용부)
54 전 국민 생애단계별 직업능력개발과 일터학습 지원 (고용부)
55 중소기업·자영업자 맞춤형 직업훈련 지원 강화 (고용부)

[약속11] 국민과 함께하는 일류 문화매력국가를 만들겠습니다.

56 일상이 풍요로워지는 보편적 문화복지 실현 (문체부)
57 공정하고 사각지대 없는 예술인 지원체계 확립(문체부)
58 K-콘텐츠의 매력을 전 세계로 확산 (문체부)
59 국민과 동행하는 디지털·미디어 세상 (방통위)
60 모두를 위한 스포츠, 촘촘한 스포츠 복지 실현 (문체부)
61 여행으로 행복한 국민, 관광으로 발전하는 대한민국 (문체부)
62 전통문화유산을 미래 문화자산으로 보존 및 가치 제고 (문화재청)

[약속12] 국민의 안전과 건강, 최우선으로 챙기겠습니다.

63 범죄로부터 안전한 사회 구현 (법무부·여가부·금융위)
64 범죄피해자 보호지원 시스템 확립 (법무부·방통위·여가부)
65 선진화된 재난안전 관리체계 구축 (행안부·소방청)
66 필수의료 기반 강화 및의료비 부담 완화(복지부)
67 예방적 건강관리 강화 (복지부)
68 안심 먹거리, 건강한 생활환경 (환경부·식약처)
69 국민이 안심하는 생활안전 확보 (국토부·경찰청)

[약속13] 살고 싶은 농산어촌을 만들겠습니다.

70 농산촌 지원강화 및 성장환경 조성 (농식품부)
71 농업의 미래 성장산업화 (농식품부)
72 식량주권 확보와 농가 경영안정 강화 (농식품부)
73 풍요로운 어촌, 활기찬 해양 (해수부)

따뜻한 동행, 모두가 행복한 사회 (32개)

국정과제 (주관부처)

| 자율과 창의로 만드는 담대한 미래 (19개) | **[약속14] 과학기술이 선도하는 도약의 발판을 놓겠습니다.**

74 국가혁신을 위한 과학기술 시스템 재설계 (과기정통부)
75 초격차 전략기술 육성으로 과학기술 G5 도약 (과기정통부)
76 자율과 창의 중심의 기초연구 지원 및 인재양성 (과기정통부)
77 민·관 협력을 통한 디지털 경제 패권국가 실현 (과기정통부)
78 세계 최고의 네트워크 구축 및 디지털 혁신 가속화 (과기정통부)
79 우주강국 도약 및 대한민국 우주시대 개막 (과기정통부)
80 지방 과학기술주권 확보로 지역 주도 혁신성장 실현 (과기정통부)

[약속15] 창의적 교육으로 미래 인재를 키워내겠습니다.

81 100만 디지털인재 양성 (교육부)
82 모두를 인재로 양성하는 학습혁명 (교육부)
83 더 큰 대학 자율로 역동적 혁신 허브 구축 (교육부)
84 국가교육책임제 강화로 교육격차 해소 (교육부)
85 이제는 지방대학 시대 (교육부)

[약속16] 탄소중립 실현으로 지속가능한 미래를 만들겠습니다.

86 과학적인 탄소중립 이행방안 마련으로 녹색경제 전환 (환경부·국조실)
87 기후위기에 강한 물 환경과 자연 생태계 조성 (환경부)
88 미세먼지 걱정 없는 푸른 하늘 (환경부)
89 재활용을 통한 순환경제 완성 (환경부)

[약속17] 청년의 꿈을 응원하는 희망의 다리를 놓겠습니다.

90 청년에게 주거·일자리·교육 등 맞춤형 지원 (국조실·국토부·고용부·중기부·교육부)
91 청년에게 공정한 도약의 기회 보장(국조실·고용부·권익위·금융위·복지부)
92 청년에게 참여의 장을 대폭 확대 (국조실·법제처) |

국정과제 (주관부처)

| 자유,
평화,
번영에
기여하는
글로벌
중추국가
(18개) | **[약속18] 남북관계를 정상화하고, 평화의 한반도를 만들겠습니다.**
93 북한 비핵화 추진 (외교부)
94 남북관계 정상화, 국민과 함께하는 통일 준비 (통일부)
95 남북간 인도적 문제 해결 도모 (통일부)

[약속19] 자유민주주의 가치를 지키고, 지구촌 번영에 기여하겠습니다.
96 자유민주주의 가치와 공동이익에 기반한 동아시아 외교 전개 (외교부)
97 함께 번영하는 지역별 협력 네트워크 구축 (외교부)
98 능동적 경제안보 외교 추진(외교부)
99 국격에 걸맞은 글로벌 중추국가 역할 강화 (외교부)
100 지구촌 한민족 공동체 구축 (외교부)
101 국가 사이버안보 대응역량 강화 (국정원·과기정통부·국방부·외교부)
102 2030 세계 박람회 유치 및 성공적 개최 추진 (외교부·산업부)

[약속20] 과학기술 강군을 육성하고, 영웅을 영원히 기억하겠습니다.
103 제2창군 수준의 …「국방혁신 4.0」 추진으로 AI 과학기술 강군 육성 (국방부)
104 북 핵·미사일 위협 대응 능력의 획기적 보강 (국방부)
105 한·미 군사동맹 강화 및 국방과학기술 협력 확대 (국방부)
106 첨단전력 건설과 방산수출 확대의 선순환 구조 마련 (국방부·산업부)
107 미래세대 병영환경 조성 및 장병 정신전력 강화 (국방부)
108 군 복무가 자랑스러운 나라 실현 (국방부)
109 국가가 끝까지 책임지는 일류보훈 (보훈처)
110 국가와 국민을 위해 희생한 분을 존중하고 기억하는 나라 (보훈처) |

국정과제 (주관부처)

대한민국 어디서나 살기 좋은 지방시대 (10개)	**[약속21] 진정한 지역주도 균형발전 시대를 열겠습니다.** 111 지방시대 실현을 위한 지방분권 강화 (행안부) 112 지방자치단체 재정력 강화 (행안부·기재부) 113 지역인재 육성을 위한 교육혁신 (교육부) 114 지방자치단체의 자치역량·소통·협력 강화(행안부) **[약속22] 혁신성장 기반 강화 통해 지역의 좋은 일자리를 만들겠습니다.** 115 기업의 지방 이전 및 지방투자 촉진(산업부) 116 공공기관 이전 등 지역 성장거점 육성(국토부) 117 지역 맞춤형 창업·혁신 생태계 조성(중기부) **[약속23] 지역 스스로 고유한 특성을 살릴 수 있도록 지원하겠습니다.** 118 지역특화형 산업 육성으로 양질의 일자리 창출(산업부) 119 지역사회의 자생적 창조역량 강화(중기부·행안부) 120 지방소멸방지, 균형발전 추진체계 강화(산업부·행안부)

국정 목표1 : 상식이 회복된 반듯한 나라

국민께 드리는 약속

| 1. 상식과 공정의 원칙을 바로 세우겠습니다. | 2. 국민의 눈높이에서 부동산 정책을 바로잡겠습니다. | 3. 소통하는 대통령, 일 잘하는 정부가 되겠습니다. |

국정 과제 (15개)

▪ 코로나19 피해 소상공인·자영업자의 완전한 회복과 새로운 도약	▪ 주택공급 확대, 시장기능 회복을 통한 주거안정 실현	▪ 모든 데이터가 연결되는 세계 최고의 디지털플랫폼정부 구현
▪ 감염병 대응체계 고도화	▪ 안정적 주거를 위한 부동산세제 정상화	▪ 국정운영 방식의 대전환, 자율·책임·소통의 정부
▪ 탈원전 정책 폐기 및 원자력산업 생태계 강화	▪ 대출규제 정상화 등 주택금융제도 개선	▪ 유연하고 효율적인 정부체계 구축
▪ 형사사법 개혁을 통한 공정한 법집행	▪ 촘촘하고 든든한 주거복지 지원	▪ 공정과 책임에 기반한 역량있는 공직사회 실현
▪ 민간주도 성장을 뒷받침하는 재정 정상화 및 지속가능성 확보		▪ 공공기관 혁신을 통해 질 높은 대국민 서비스 제공
▪ 미디어의 공정성·공공성 확립 및 국민 신뢰 회복		

국정 목표2 : 민간이 끌고 정부가 미는 역동적 경제

국민께 드리는 약속

| 4. 경제체질을 선진화하여 혁신성장의 디딤돌을 놓겠습니다 | 5. 핵심전략산업 육성으로 경제 재도약을 견인하겠습니다 | 6. 중소벤처기업이 경제의 중심에 서는 나라를 만들겠습니다 | 7. 디지털 변환기의 혁신금융 시스템을 마련하겠습니다 | 8. 하늘·땅·바다를 잇는 성장인프라를 구축하겠습니다 |

국정 과제 (26개)

▪ 규제시스템 혁신을 통한 경제활력 제고	▪ 제조업 등 주력산업 고도화 일자리 창출 기반 마련	▪ 공정한 경쟁을 통한 시장경제 활성화	▪ 미래 금융을 위한 디지털 금융혁신	▪ 국토공간의 효율적 성장전략 지원
▪ 성장지향형 산업전략 추진	▪ 반도체·AI·배터리 등 미래전략산업 초격차 확보	▪ 공정거래 법집행 개선을 통한 피해구제 강화	▪ 디지털 자산 인프라 및 규율체계 구축	▪ 빠르고 편리한 교통 혁신
▪ 역동적 혁신성장을 위한 금융·세제 지원 강화	▪ 바이오·디지털 헬스 글로벌 중심국가 도약	▪ 중소기업 정책을 민간주도 혁신성장 관점에서 재설계	▪ 자본시장 혁신과 투자자 신뢰 제고로 모험자본 활성화	▪ 세계를 선도하는 해상교통물류 체계 구축
▪ 거시경제 안정과 대내외 리스크 관리 강화	▪ 신성장동력 확보를 위한 서비스 경제 전환 촉진	▪ 예비 창업부터 글로벌 유니콘까지 완결형 벤처생태계 구현	▪ 금융소비자 보호 및 권익향상	▪ 해양영토 수호 및 지속가능한 해양 관리
▪ 산업경쟁력과 공급망을 강화하는 新산업통상전략	▪ 글로벌 미디어 강국 실현	▪ 불공정거래 기술탈취 근절 및 대중소기업 동반성장 확산		
▪ 에너지안보 확립 및 에너지 新산업·新시장 창출	▪ 모빌리티 시대 본격 개막 및 국토교통산업의 미래 전략산업화			
▪ 수요자 지향 산업기술 R&D 혁신 및 지식재산 보호 강화				

국정목표3 : 따뜻한 동행, 모두가 행복한 사회

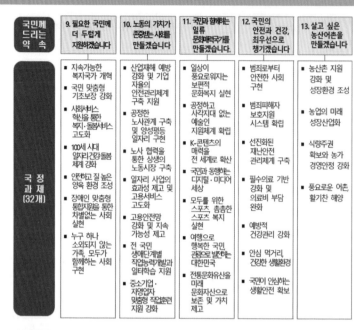

국민께 드리는 약속	9. 필요한 국민께 더 두텁게 지원하겠습니다	10. 노동의 가치가 존중받는 사회를 만들겠습니다	11. 국민과 함께하는 일류 문화매력국가를 만들겠습니다	12. 국민의 안전과 건강, 최우선으로 챙기겠습니다	13. 살고 싶은 농산어촌을 만들겠습니다
국정 과제 [32개]	▪ 지속가능한 복지국가 개혁 ▪ 국민 맞춤형 기초보장 강화 ▪ 사회서비스 혁신을 통한 복지·돌봄서비스 고도화 ▪ 100세 시대 일자리건강돌봄 체계 강화 ▪ 안전하고 질 높은 양육 환경 조성 ▪ 장애인 맞춤형 통합지원을 통한 차별없는 사회 실현 ▪ 누구 하나 소외되지 않는 가족, 모두가 함께하는 사회 구현	▪ 산업재해 예방 강화 및 기업 자율의 안전관리체계 구축 지원 ▪ 공정한 노사관계 구축 및 양성평등 일자리 구현 ▪ 노사 협력을 통한 상생의 노동시장 구축 ▪ 일자리 사업의 효과성 제고 및 고용서비스 고도화 ▪ 고용안전망 강화 및 지속 가능성 제고 ▪ 전 국민 생애단계별 직업능력개발과 일터학습 지원 ▪ 중소기업·자영업자 맞춤형 직업훈련 지원 강화	▪ 일상이 풍요로워지는 보편적 문화복지 실현 ▪ 공정하고 사각지대 없는 예술인 지원체계 확립 ▪ K-콘텐츠의 매력을 전 세계로 확산 ▪ 국민과 동행하는 디지털·미디어 세상 ▪ 모두를 위한 스포츠, 촘촘한 스포츠 복지 실현 ▪ 여행으로 행복한 국민 관광으로 발전하는 대한민국 ▪ 전통문화유산을 미래 문화자산으로 보존 및 가치 제고	▪ 범죄로부터 안전한 사회 구현 ▪ 범죄피해자 보호지원 시스템 확립 ▪ 선진화된 재난안전 관리체계 구축 ▪ 필수의료 기반 강화 및 의료비 부담 완화 ▪ 예방적 건강관리 강화 ▪ 안심 먹거리, 건강한 생활환경 ▪ 국민이 안심하는 생활안전 확보	▪ 농산촌 지원 강화 및 성장환경 조성 ▪ 농업의 미래 성장산업화 ▪ 식량주권 확보와 농가 경영안정 강화 ▪ 풍요로운 어촌, 활기찬 해양

국정목표4 : 자율과 창의로 만드는 담대한 미래

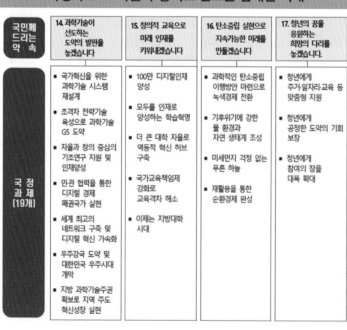

국민께 드리는 약속	14. 과학기술이 선도하는 도약의 발판을 놓겠습니다	15. 창의적 교육으로 미래 인재를 키워내겠습니다	16. 탄소중립 실현으로 지속가능한 미래를 만들겠습니다	17. 청년의 꿈을 응원하는 희망의 다리를 놓겠습니다
국정 과제 [19개]	▪ 국가혁신을 위한 과학기술 시스템 재설계 ▪ 초격차 전략기술 육성으로 과학기술 G5 도약 ▪ 자율과 창의 중심의 기초연구 지원 및 인재양성 ▪ 민관 협력을 통한 디지털 경제 패권국가 실현 ▪ 세계 최고의 네트워크 구축 및 디지털 혁신 가속화 ▪ 우주강국 도약 및 대한민국 우주시대 개막 ▪ 지방 과학기술주권 확보로 지역 주도 혁신성장 실현	▪ 100만 디지털인재 양성 ▪ 모두를 인재로 양성하는 학습혁명 ▪ 더 큰 대학 자율로 역동적 혁신 허브 구축 ▪ 국가교육책임제 강화로 교육격차 해소 ▪ 이제는 지방대학 시대	▪ 과학적인 탄소중립 이행방안 마련으로 녹색경제 전환 ▪ 기후위기에 강한 물 환경과 자연 생태계 조성 ▪ 미세먼지 걱정 없는 푸른 하늘 ▪ 재활용을 통한 순환경제 완성	▪ 청년에게 주거·일자리·교육 등 맞춤형 지원 ▪ 청년에게 공정한 도약의 기회 보장 ▪ 청년에게 참여의 장을 대폭 확대

국정 목표5: 자유, 평화, 번영에 기여하는 글로벌 중추국가

국민께 드리는 약속	18. 남북관계를 정상화하고, 평화의 한반도를 만들겠습니다.	19. 자유민주주의 가치를 지키고, 지구촌 번영에 기여하겠습니다.	20. 과학기술 강군을 육성하고, 영웅을 영원히 기억하겠습니다.
국정 과제 (18개)	▪ 북한 비핵화 추진 ▪ 남북관계 정상화, 국민과 함께하는 통일 준비 ▪ 남북간 인도적 문제 해결 도모	▪ 자유민주주의 가치와 공동이익에 기반한 동아시아 외교 전개 ▪ 함께 번영하는 지역별 협력 네트워크 구축 ▪ 능동적 경제안보 외교 추진 ▪ 국격에 걸맞은 글로벌 중추국가 역할 강화 ▪ 지구촌 한민족 공동체 구축 ▪ 국가 사이버안보 대응역량 강화 ▪ 2030 세계 박람회 유치 및 성공적 개최 추진	▪ 제2창군 수준의 「국방혁신 4.0」 추진으로 AI 과학기술 강군 육성 ▪ 북 핵·미사일 위협 대응 능력의 획기적 보강 ▪ 한·미 군사동맹 강화 및 국방과학기술 협력 확대 ▪ 첨단전력 건설과 방산수출 확대의 선순환 구조 마련 ▪ 미래세대 병영환경 조성 및 장병 정신전력 강화 ▪ 군 복무가 자랑스러운 나라 실현 ▪ 국가가 끝까지 책임지는 일류보훈 ▪ 국가와 국민을 위해 희생한 분을 존중하고 기억하는 나라

국정목표6 : 대한민국 어디서나 살기 좋은 지방시대

국민께 드리는 약속	21. 진정한 지역주도 균형발전 시대를 열겠습니다.	22. 혁신성장기반 강화를 통해 지역의 좋은 일자리를 만들겠습니다.	23. 지역 스스로 고유한 특성을 살릴 수 있도록 지원하겠습니다.
국정 과제 (10개)	▪ 지방시대 실현을 위한 지방분권 강화 ▪ 지방자치단체 재정력 강화 ▪ 지역인재 육성을 위한 교육혁신 ▪ 지방자치단체의 자치역량·소통·협력 강화	▪ 기업의 지방 이전 및 투자 촉진 ▪ 공공기관 이전 등 지역 성장거점 육성 ▪ 지역 맞춤형 창업혁신 생태계 조성	▪ 지역특화형 산업 육성으로 양질 일자리 창출 ▪ 지역사회의 자생적 창조역량 강화 ▪ 지방소멸방지, 균형발전 추진체계 강화

윤석열 대통령
연설 일지

윤석열 대통령 연설 일지

번호	구 분	날 짜
1	정치 참여 및 대선 출마 선언문	2021.6.29.
2	제20대 윤석열 대통령 취임사	2022.5.10.
3	경축 연회	2022.5.10.
4	외빈 초청 만찬	2022.5.10.
5	대통령 주재 수석비서관회의	2022.5.11.
6	재외동포 초청 리셉션	2022.5.11.
7	대통령 주재 국무회의	2022.5.12.
8	제2차 글로벌 코로나19 정상회의(영상메시지)	2022.5.12.
9	거시금융상황 점검회의	2022.5.13.
10	윤석열 대통령 국회 시정연설	2022.5.16.
11	제42주년 5·18민주화운동 기념식	2022.5.18.
12	삼성 반도체 평택 캠퍼스 방문	2022.5.20.
13	한미 확대 정상회담	2022.5.21.
14	한미 공동 기자회견 윤석열 대통령 모두 발언	2022.5.21.
15	미국 대통령 초청 공식 만찬	2022.5.21.
16	오산 공군기지(항공우주작전본부, KAOC) 방문	2022.5.22.
17	인도−태평양 경제프레임워크(IPEF) 출범 정상회의 기조연설	2022.5.23.
18	세계가스총회 개회식 축사	2022.5.24.
19	2022 대한민국 중소기업인 대회	2022.5.25.
20	제23회 국무회의	2022.5.26.
21	질병관리청 현장 방문	2022.5.26.
22	7대 종단 지도자 오찬	2022.5.28.
23	대통령 주재 수석비서관회의	2022.5.30.
24	국방부·합참 초도방문	2022.5.30.
25	제27회 바다의 날 기념식	2022.5.31.
26	2030 부산엑스포 유치지원 특별위원회 전략회의 및 민간위원회 출범식	2022.5.31.
27	대한민국 고졸 인재 채용 엑스포 개막식	2022.6.2.
28	한일 월드컵 20주년 기념행사	2022.6.2.
29	미국 학계 및 전현직 주요인사 단체 접견	2022.6.2.
30	제67회 현충일 추념사	2022.6.6.

번호	구분	날짜
31	제26회 국무회의	2022.6.7.
32	호국 영웅 초청 소통식탁	2022.6.9.
33	새 정부 경제정책 방향 발표회의 모두 발언	2022.6.16.
34	대통령실 이전 기념 어린이·주민 초대	2022.6.19.
35	제28회 국무회의	2022.6.21.
36	국민의힘 상임고문단 초청 오찬 간담회	2022.6.21.
37	한국형 발사체 '누리호' 발사 생중계 시청행사	2022.6.21.
38	원전산업 협력업체 현장 방문	2022.6.22.
39	국군 및 UN군 참전유공자 초청 오찬	2022.6.24.
40	아시아태평양 파트너 4개국 정상 회동	2022.6.29.
41	한미일 정상회담	2022.6.29.
42	스페인 동포 만찬 간담회	2022.6.29.
43	한-캐나다 정상회담	2022.6.30.
44	스페인 경제인과의 오찬 간담회	2022.6.30.
45	기내 간담회	2022.6.30.
46	대통령 주재 수석비서관회의	2022.7.4.
47	제30회 국무회의	2022.7.5.
48	여성경제인의 날 유공자 정부포상 수여식 행사	2022.7.5.
49	전군 주요지휘관 회의	2022.7.6.
50	우주경제 비전 선포식	2022.7.6.
51	국가재정전략회의	2022.7.7.
52	문화미래리포트 2022	2022.7.7.
53	제1차 비상경제민생회의	2022.7.8.
54	제1차 민선 8기 시·도지사 간담회	2022.7.8.
55	2022 아시안 리더십 컨퍼런스	2022.7.13.
56	2022 제11회 정보보호의 날 기념식	2022.7.13.
57	제2차 비상경제민생회의	2022.7.14.
58	보령해양머드 박람회 윤석열 대통령 축사	2022.7.16.
59	제32회 국무회의	2022.7.19.
60	옐런 美 재무장관 접견옐런 美 재무장관 접견	2022.7.19.
61	제3차 비상경제민생회의	2022.7.20.
62	장·차관 국정과제 워크숍	2022.7.22.
63	추모의 벽 준공식 대통령 축사	2022.7.26.
64	제4차 비상경제민생회의	2022.7.27.
65	국민통합위원회 출범식	2022.7.27.
66	정조대왕함 진수식	2022.7.28.
67	한-인도네시아 정상회담	2022.7.28.
68	한-인도네시아 공동언론발표	2022.7.28.
69	한-인도네시아 공식 만찬	2022.7.28.
70	코로나19 중앙재난안전대책본부 회의	2022.7.29.
71	재난안전상황실 방문	2022.8.9.
72	제35회 국무회의	2022.8.9.
73	폭우 피해 상황 점검	2022.8.10.

번호	구분	날짜
74	하천홍수 및 도심침수 대책회의	2022.8.10.
75	제5차 비상경제민생회의	2022.8.11.
76	대통령 주재 임시 국무회의	2022.8.12.
77	구테레쉬 유엔 사무총장 오찬	2022.8.12.
78	에드 마키 美 상원 동아태소위원장 접견	2022.8.12.
79	한국광복군 선열 합동 봉송식 추모사	2022.8.14.
80	제77주년 광복절 경축사	2022.8.15.
81	「빌 게이츠」 '빌&멜린다 게이츠 재단' 공동이사장 접견	2022.8.16.
82	발달장애인·가족과 대화	2022.8.18.
83	중앙경찰학교 졸업식	2022.8.19.
84	청년경찰관(2030세대) 간담회	2022.8.19.
85	신임 국회의장단 초청 만찬	2022.8.19.
86	을지 국무회의 및 제38회 국무회의	2022.8.22.
87	제2차 거시금융상황 점검회의	2022.8.24.
88	2022 A Farm Show(창농·귀농 고향사랑 박람회) 개막식	2022.8.24.
89	한중 수교 30주년 기념 양국 정상 축사	2022.8.24.
90	제6차 비상경제민생회의	2022.8.25.
91	2022 국민의힘 국회의원 연찬회	2022.8.25.
92	제1차 규제혁신전략회의	2022.8.26.
93	대구 서문시장 방문 상인 간담회	2022.8.26.
94	구로구 가족센터 방문	2022.8.30.
95	제7차 비상경제민생회의	2022.8.31.
96	위기가구 발굴 체계 강화를 위한 현장 간담회	2022.9.1.
97	제5회 지식재산의 날 기념식	2022.9.1.
98	디지털플랫폼정부위원회 출범식	2022.9.2.
99	대통령 주재 태풍 '힌남노' 피해 상황 긴급 점검 국무회의	2022.9.7.
100	2022년 윤석열 대통령 한가위 메시지	2022.9.8.
101	자립준비청년과의 만남	2022.9.13.
102	국제기능올림픽 선수단 격려	2022.9.14.
103	국민의힘 반도체산업경쟁력강화특위 오찬	2022.9.14.
104	리잔수 중국 전인대 상무위원장 접견	2022.9.16.
105	한국전 참전용사 국민포장 수여식	2022.9.19.
106	제77차 유엔총회 기조연설	2022.9.20.
107	뉴욕 동포 간담회	2022.9.20.
108	한-독일 정상회담	2022.9.21.
109	디지털 비전 포럼	2022.9.21.
110	글로벌펀드 제7차 재정공약회의	2022.9.21.
111	투자 신고식 및 북미지역 투자가 라운드 테이블	2022.9.22.
112	인공지능 석학과의 만남	2022.9.22.
113	토론토 동포 간담회	2022.9.22.
114	한-캐나다 정상회담 공동기자회견	2022.9.23.
115	제43회 국무회의	2022.9.27.
116	제8차 비상경제민생회의	2022.9.28.

번호	구분	날짜
117	해리스 美 부통령 접견	2022.9.29.
118	제3차 거시금융상황 점검회의	2022.9.30.
119	건군 제74주년 국군의 날 기념행사	2022.10.1.
120	제9차 비상경제민생회의	2022.10.5.
121	재향군인회 창설 제70주년 기념식	2022.10.6.
122	제10차 비상경제민생회의	2022.10.7.
123	제2회 중앙지방협력회의	2022.10.7.
124	제103회 전국체육대회 개회식	2022.10.7.
125	제45회 국무회의	2022.10.11.
126	2022 국민미래포럼	2022.10.12.
127	세계지방정부연합(UCLG) 총회 개회식	2022.10.12.
128	2022년 전국새마을지도자대회	2022.10.13.
129	IOC 위원장 및 ANOC(국가올림픽총연합회) 집행위원 초청 만찬	2022.10.17.
130	춘천~속초 철도건설사업 착공 기념식	2022.10.18.
131	제26차 ANOC(국가올림픽위원회연합회) 총회 기조연설	2022.10.19.
132	제77주년 경찰의 날 기념식	2022.10.21.
133	2023년도 예산안 및 기금운용계획안 대통령 시정연설문	2022.10.25.
134	2022 세계 바이오 서밋	2022.10.25.
135	탄소중립녹색성장위원회 오찬 간담회	2022.10.26.
136	한-나이지리아 정상회담	2022.10.26.
137	제11차 비상경제민생회의(경제 활성화 추진 전략 및 점검회의)	2022.10.27.
138	국가과학기술자문회의	2022.10.28.
139	제48회 국무회의	2022.11.1.
140	한독 정상회담	2022.11.4.
141	한-독 정상 공동언론발표	2022.11.4.
142	이태원 사고 추모 위령법회	2022.11.4.
143	한국교회 이태원 참사 위로예배	2022.11.5.
144	국가안전시스템 점검회의	2022.11.7.
145	제8회 중견기업인의 날 기념식	2022.11.7.
146	한-ASEAN 정상회의 윤 대통령 모두발언	2022.11.11.
147	한-태국 정상회담	2022.11.11.
148	캄보디아 동포 만찬간담회	2022.11.11.
149	ASEAN+3 정상회의 모두발언	2022.11.12.
150	한-필리핀 정상회담	2022.11.12.
151	한미일 정상회의	2022.11.13.
152	B20 Summit 기조연설	2022.11.14.
153	한-네덜란드 정상회담	2022.11.17.
154	한-네덜란드 공동언론발표	2022.11.17.
155	한-스페인 정상회담	2022.11.18.
156	한-스페인 공동언론발표	2022.11.18.
157	제51회 국무회의	2022.11.22.
158	한국과 아프리카, 함께하는 미래	2022.11.23.
159	방산수출전략회의	2022.11.24.

번호	구분	날짜
160	미래 우주경제 로드맵 선포식	2022.11.28.
161	제52회 국무회의	2022.11.29.
162	민주평통 해외 자문위원과의 통일대화	2022.11.29.
163	제54회 국가조찬기도회 말씀	2022.12.5.
164	제59회 무역의 날 기념식	2022.12.5.
165	한-베트남 정상회담	2022.12.5.
166	한-베트남 공동언론발표	2022.12.5.
167	한-베트남 국빈만찬	2022.12.5.
168	축구 국가대표팀 환영 만찬	2022.12.8.
169	제55회 국무회의	2022.12.13.
170	신한울 1호기 준공 기념행사 축사	2022.12.14.
171	국정과제 점검회의	2022.12.15.
172	국제기능올림픽 선수단 격려 오찬	2022.12.16.
173	원-윈터 페스티벌 개막식	2022.12.16.
174	국민경제자문회의 위촉장 수여식 및 제12차 비상경제민생회의 겸 제1차 국민경제자문회의	2022.12.21.
175	국민통합 추진전략 및 성과 보고회	2022.12.21.
176	미래 과학자와의 대화	2022.12.22.
177	제57회 국무회의	2022.12.27.
178	2023년 연두 업무보고 '산업통상자원부, 중소벤처기업부'	2022.12.27.
179	2023년 연두 업무보고 '과학기술정보통신부, 개인정보보호위원회, 원자력안전위원회'	2022.12.28.
180	2023년 윤석열 대통령 신년사	2023.1.1.
181	2023년 신년 인사회	2023.1.2.
182	2023년 경제계 신년 인사회	2023.1.2.
183	2023년도 제1회 국무회의	2023.1.3.
184	2023년 연두 업무보고 '국토교통부, 환경부'	2023.1.3.
185	2023년 정부 업무보고 '농림축산식품부, 해양수산부'	2023.1.4.
186	2023 문화예술인 신년 인사회	2023.1.4.
187	2023년 정부 업무보고 '교육부, 문화체육관광부'	2023.1.5.
188	2023년 정부 업무보고 '보건복지부, 고용노동부, 여성가족부, 식품의약품안전처, 질병관리청'	2023.1.9..
189	2023 과학기술인·정보방송통신인 신년 인사회	2023.1.10.
190	UAE 동포간담회	2023.1.14.
191	한-UAE 정상회담 관련 김은혜 홍보수석 서면 브리핑	2023.1.15.
192	아크부대 방문	2023.1.15.
193	아부다비 지속가능성주간 개막식 기조연설	2023.1.16.
194	한-UAE 비즈니스 포럼	2023.1.16.
195	동행 경제인과의 만남	2023.1.16.
196	미래비전 두바이 포럼	2023.1.17.
197	스위스 동포간담회	2023.1.17.
198	글로벌 CEO 오찬	2023.1.18.
199	'한국의 밤' 행사	2023.1.18.
200	2023년 세계경제포럼(WEF) 연차총회 특별연설	2023.1.19.
201	취리히 연방공과대학 방문 및 석학과의 대화	2023.1.19.
202	제4회 국무회의	2023.1.25.

번호	구 분	날짜
203	2023년 정부 업무보고 '법무부, 공정거래위원회, 법제처'	2023.1.26.
204	2023년 정부 업무보고 '통일부, 행정안전부, 보훈처, 인사혁신처'	2023.1.27.
205	2023년 정부 업무보고 '금융위원회'	2023.1.30.
206	UAE 투자유치 후속조치 점검회의	2023.1.31.
207	제1차 인재양성전략회의	2023.2.1.
208	반도체 투자협약식	2023.2.1.
209	CES 디지털 기술혁신 기업인과의 대화	2023.2.2.
210	불기 2567년 대한민국 불교도 신년대법회	2023.2.6.
211	제6회 국무회의	2023.2.7.
212	대전 과학기술·디지털 혁신기업인과의 대화	2023.2.7.
213	제56차 중앙통합방위회의	2023.2.8.
214	제3회 중앙지방협력회의	2023.2.10.
215	현대중공업 군산조선소 현장 방문	2023.2.10.
216	2023 대한민국 체육비전 보고회	2023.2.14.
217	청주 육거리종합시장 방문	2023.2.14.
218	제13차 비상경제민생회의	2023.2.15.
219	제8회 국무회의	2023.2.21.
220	꿈과 도전의 뉴스페이스 시대, 우주경제 개척자와의 대화	2023.2.21.
221	소아진료 등 필수의료현장 방문 정책간담회	2023.2.22.
222	제4차 수출전략회의	2023.2.23.
223	문민정부 출범 30주년 기념식 영상메시지	2023.2.24.
224	UAE 순방 성과 중소기업인과의 대화	2023.2.24.
225	연세대 학위수여식 윤석열 대통령 축사	2023.2.27.
226	바이오헬스 신시장 창출 전략회의	2023.2.28.
227	제104주년 3.1절 기념사	2023.3.1.
228	국가보훈부 승격 및 재외동포청 신설 서명식	2023.3.2.
229	제57회 납세자의 날 기념식	2023.3.3.
230	제10회 국무회의	2023.3.7.
231	튀르키예 지진 대응 대한민국 해외긴급구호대 격려 오찬	2023.3.7.
232	국민의힘 제3차 전당대회 축사	2023.3.8.
233	S-OIL 샤힌 프로젝트 기공식	2023.3.9.
234	울산 경제인 간담회	2023.3.9.
235	해군사관학교 제77기 졸업 및 임관식	2023.3.10.
236	일자리 창출 우수기업 초청 오찬	2023.3.14.
237	제14차 비상경제민생회의	2023.3.15.
238	재일동포 오찬 간담회	2023.3.16.
239	한일 확대 회담	2023.3.16.
240	한-일 정상 공동기자회견문	2023.3.16.
241	한일 공동기자회견	2023.3.16.
242	한일 비즈니스 라운드 테이블	2023.3.17.
243	한일 미래세대 강연회	2023.3.17.
244	제12회 국무회의 윤석열 대통령 모두 발언	2023.3.21.
245	복지·노동 현장 종사자 초청 오찬	2023.3.23.

번 호	구 분	날 짜
246	제8회 서해수호의 날 기념식	2023.3.24.
247	제13회 국무회의	2023.3.28.
248	2023년 제1차 저출산고령사회위원회 회의	2023.3.28.
249	제15차 비상경제민생회의 모두발언	2023.3.29.
250	한국스카우트연맹 명예총재 추대식	2023.3.29.
251	제2차 민주주의 정상회의	2023.3.29.
252	제2차 민주주의 정상회의 인태지역회의	2023.3.30.
253	제12회 수산인의 날 기념식	2023.3.31.
254	2023 순천만 국제정원박람회 개막식	2023.3.31.
255	대구 서문시장 100주년 기념식	2023.4.1.
256	제75주년 제주4·3희생자 추념식	2023.4.3.
257	BIE 실사단 환영 만찬	2023.4.3.
258	2023년도 제14회 국무회의	2023.4.4.
259	삼성디스플레이 투자협약식	2023.4.4.
260	제2차 국정과제점검회의	2023.4.5.
261	제67회 신문의 날 기념대회 축사	2023.4.6.
262	제4회 중앙지방협력회의	2023.4.6.
263	부활절 연합예배	2023.4.9.
264	디지털플랫폼정부 실현계획 보고회	2023.4.14.
265	제16회 국무회의 모두 발언	2023.4.18.
266	제63주년 4.19혁명 기념사	2023.4.19.
267	파이낸셜뉴스 2023 FIND·서울국제금융포럼 축사(홍보수석 대독)	2023.4.19.
268	이차전지 국가전략회의	2023.4.20.
269	글로벌기업 최고 경영진 접견	2023.4.24.
270	동포 만찬 간담회	2023.4.24.
271	투자신고식	2023.4.25.
272	한미 비즈니스 라운드 테이블	2023.4.25.
273	한미 첨단산업 포럼	2023.4.25.
274	한미동맹 70주년 기념 오찬사	2023.4.25.
275	美 NASA 고다드 우주센터 방문 공동연설	2023.4.25.
276	미국 국빈 방문 공식환영식	2023.4.26.
277	한미 소인수 정상회담	2023.4.26.
278	한미 공동기자회견문	2023.4.26.
279	한미 국빈만찬 답사	2023.4.26.
280	미국 상.하원 합동회의 연설	2023.4.27.
281	美 부통령, 국무장관 주최 국빈 오찬사	2023.4.27.
282	美 국방부 방문 및 브리핑	2023.4.27.
283	글로벌 영상콘텐츠 리더십 포럼	2023.4.27.
284	한미 클러스터 라운드 테이블 개회사	2023.4.28.
285	MIT 디지털바이오 석학과의 대화	2023.4.28.
286	하버드 대학교 윤석열 대통령 연설	2023.4.28.
287	제18회 국무회의 윤석열 대통령 모두 발언	2023.5.2.
288	용산어린이정원 개방 계기 기자단과의 오찬 관련 윤석열 대통령 말씀	2023.5.2.

번호	구 분	날 짜
289	아시아개발은행(ADB) 연차총회 개회식	2023.5.3.
290	한일 확대 정상회담 윤석열 대통령 모두 발언	2023.5.7.
291	한일 공동기자회견	2023.5.7.
292	제19회 국무회의 윤석열 대통령 모두 발언	2023.5.9.
293	국제장애인기능올림픽대회 선수단 오찬	2023.5.9.
294	청와대 개방 1주년 기념 특별음악회	2023.5.10.
295	코로나19 중앙재난안전대책본부 회의 윤석열 대통령 모두 발언	2023.5.11.
296	국방혁신위원회 출범식 및 국방혁신위원회 1차 회의	2023.5.11.
297	제58회 발명의 날 기념식 축사	2023.5.12.
298	제42회 스승의 날 기념 현장교원 초청 오찬 간담회 모두발언	2023.5.15.
299	제20회 국무회의 윤석열 대통령 모두 발언	2023.5.16.
300	아시안 리더십 콘퍼런스	2023.5.17.
301	이주민과의 동행 특별위원회 제15차 회의 모두 발언	2023.5.17.
302	한-캐나다 정상 공식기자회견	2023.5.17.
303	캐나다 총리 공식방한, 공식 만찬사	2023.5.17.
304	제43주년 5·18민주화운동 기념식	2023.5.18.
305	히로시마 동포 원폭 피해자와의 만남	2023.5.19.
306	한-독일 공동기자회견	2023.5.21.
307	G7 정상회의 확대세션 III	2023.5.21.
308	한-EU 정상 공동언론발표	2023.5.22.
309	제21회 국무회의 모두 발언	2023.5.23.
310	2023 대한민국 중소기업인대회 격려 말씀	2023.5.23.
311	불기 2567년 '부처님 오신 날' 봉축법요식	2023.5.27.
312	한-태평양도서국 정상회의	2023.5.29.
313	사회보장 전략회의	2023.5.31.
314	재외동포청 출범식 기념사	2023.6.5.
315	제68회 현충일 추념식	2023.6.6.
316	평택~오송 고속철도 2복선화 사업 착공 기념식	2023.6.7.
317	제17차 비상경제민생회의	2023.6.8.
318	강원특별자치도 출범 기념식	2023.6.9.
319	제24회 국무회의 모두 발언	2023.6.13.
320	국가유공자 및 보훈가족 초청 오찬	2023.6.14.
321	연합·합동 화력격멸훈련	2023.6.15.
322	프랑스 동포 만찬 간담회	2023.6.19.
323	한-프랑스 정상 공동언론발표	2023.6.20.
324	한-프랑스 미래 혁신세대와의 대화	2023.6.20.
325	파리 제172차 BIE 총회, 2030 세계박람회 4차 경쟁 프레젠테이션 윤석열 대통령 연설문	2023.6.21.
326	파리 디지털 비전 포럼	2023.6.21.
327	베트남 동포 오찬 간담회	2023.6.22.
328	한-베 정상 공동 언론발표	2023.6.23.
329	한-베 비즈니스 포럼	2023.6.23.
330	베트남 국빈 만찬	2023.6.23.
331	한-베 디지털 미래 세대와의 대화	2023.6.24.

번호	구분	날짜
332	제26회 국무회의 윤석열 대통령 모두발언	2023.6.27.
333	양자과학기술 현재와 미래의 대화	2023.6.27.
334	한국자유총연맹 창립 제69주년 기념식	2023.6.28.
335	2023 국가재정전략회의	2023.6.28.
336	대곡-소사 복선전철 개통 기념식	2023.6.30.
337	늘봄학교 현장 방문	2023.7.3.
338	2023년 하반기 경제정책방향 발표	2023.7.4.
339	NATO 동맹국·파트너국 정상회의	2023.7.12.
340	한-폴란드 정상 공동언론발표	2023.7.13.
341	한-폴란드 비즈니스 포럼	2023.7.14.
342	한-우크라이나 정상 공동언론발표	2023.7.15.
343	한-우크라이나 확대회담 윤석열 대통령 모두 발언	2023.7.16.
344	제29회 국무회의 윤석열 대통령 모두 발언	2023.7.18.
345	유엔군 참전의 날 · 정전협정 70주년 기념식	2023.7.27.
346	국방혁신위원회 제2차 회의	2023.8.1.
347	새만금 제25회 세계스카우트잼버리 개영식 윤석열 대통령 환영사	2023.8.2.
348	국방혁신위원회 제2차 회의	2023.8.8.
349	독립유공자 및 유족 초청 오찬	2023.8.9.
350	제78주년 광복절 경축사	2023.8.15.
351	한미일 정상회의	2023.8.19.
352	캠프 데이비드 한미일 공동기자회견	2023.8.19.
353	을지 및 제35회 국무회의	2023.8.21.
354	킬러규제 혁파 규제혁신전략회의	2023.8.24.
355	국민통합위원회 1주년 성과보고회 및 2기 출범식	2023.8.25.
356	제70주년 해양경찰의 날 기념식	2023.8.28.
357	국민의힘 국회의원 연찬회	2023.8.28.
358	제36회 국무회의	2023.8.29.
359	민주평화통일자문회의 간부위원과의 통일대화	2023.8.29.
360	스타트업 코리아 전략회의	2023.8.30.
361	국립외교원 60주년 기념식	2023.9.1.
362	인도네시아 동포 초청 만찬 간담회	2023.9.5.
363	한-아세안 정상회의 윤석열 대통령 모두 발언	2023.9.6.
364	아세안+3 정상회의 윤석열 대통령 모두 발언	2023.9.6.
365	동아시아 정상회의(EAS)	2023.9.7.
366	G20 정상회의 세션1	2023.9.9.
367	G20 정상회의 세션3	2023.9.10.
368	제38회 국무회의	2023.9.12.
369	대한민국 초거대 AI 도약 회의	2023.9.13.
370	지방시대 선포식	2023.9.14.
371	청년의 날 기념식	2023.9.14.
372	제73주년 인천상륙작전 전승기념식	2023.9.15.
373	제78차 유엔총회 기조연설	2023.9.20.
374	뉴욕 디지털 비전 포럼 대통령 기조연설	2023.9.22.

번호	구 분	날 짜
375	2023 대백제전 개막식	2023.9.23.
376	제40회 국무회의	2023.9.25.
377	건군 제75주년 국군의 날 기념사	2023.9.26.
378	2023년 윤석열 대통령 부부 추석 영상 메시지	2023.9.28.
379	원폭 피해 동포 초청 오찬 간담회 윤석열 대통령 환영사	2023.9.29.
380	전방부대 방문	2023.10.1.
381	재향군인회 창설 제71주년 기념식	2023.10.4.
382	파독 근로 60주년 기념 오찬	2023.10.4.
383	2023 세계한인회장대회 및 제17회 세계한인의 날 기념식	2023.10.5.
384	교권 보호 4법 개정 계기 현장 교원과의 대화	2023.10.6.
385	제42회 국무회의 모두 발언	2023.10.10.
386	긴급 경제·안보 점검회의	2023.10.11.
387	청년 화이트해커와의 대화	2023.10.12.
388	제73주년 장진호전투 기념사	2023.10.12.
389	공생복지재단 설립 95주년 기념식	2023.10.13.
390	제104회 전국체육대회 개회식 윤석열 대통령 기념사	2023.10.13.
391	2023 서울 ADEX 개막식 축사	2023.10.17.
392	국민통합위원회 만찬 대통령 말씀	2023.10.17.
393	제78주년 경찰의 날 기념식 축사	2023.10.18.
394	필수의료혁신 전략회의	2023.10.19.
395	킹 사우드 대학 방문 강연	2023.10.23.
396	한-사우디 미래기술 파트너십 포럼	2023.10.23.
397	한-사우디 건설협력 50주년 기념식	2023.10.23.
398	동행 경제인 만찬	2023.10.23.
399	미래 투자 이니셔티브(FII) 포럼 대담	2023.10.24.
400	박정희 前 대통령 서거 44주기 추도사	2023.10.26.
401	유림간담회	2023.10.27.
402	제5회 중앙지방협력회의	2023.10.27.
403	이태원 참사 1주기 추도 예배, 윤석열 대통령 추도사	2023.10.29.
404	제45회 국무회의 윤석열 대통령 모두발언	2023.10.30.
405	2024년도 예산안 시정연설	2023.10.31.
406	제21차 비상경제민생회의(민생 타운홀)	2023.11.1.
407	제58회 전국여성대회	2023.11.1.
408	2023 지방시대 엑스포 및 지방자치·균형발전의 날 기념식	2023.11.2.
409	글로벌 우수 신진 연구자와의 대화 및 대덕연구개발특구 50주년 미래비전 선포식	2023.11.2.
410	대한민국 소상공인대회 개막식 격려사	2023.11.3.
411	광역교통 국민간담회	2023.11.6.
412	2023 바르게살기운동 전국회원대회	2023.11.7.
413	한-이탈리아 정상 공동언론발표	2023.11.8.
414	제61주년 소방의 날 기념사	2023.11.9.
415	불법사금융 민생현장 간담회	2023.11.9.
416	제28회 농업인의 날 기념식	2023.11.10.
417	2023 전국새마을지도자대회 '청년의 약속 선포식'	2023.11.12.

번호	구 분	날 짜
418	제47회 국무회의 모두 발언	2023.11.14.
419	미국 샌프란시스코 동포간담회	2023.11.15.
420	APEC CEO Summit	2023.11.15.
421	재미 한인 미래세대와의 대화	2023.11.15.
422	APEC 정상회의 세션1 윤석열 대통령 발언문	2023.11.16.
423	스탠포드대 한일 정상 좌담회	2023.11.17.
424	영국 런던 동포 만찬 간담	2023.11.20.
425	영국 국빈 방문 의회 연설문	2023.11.22.
426	한영 비즈니스 포럼	2023.11.22.
427	한영 최고과학자 과학기술 미래포럼	2023.11.22.
428	국제박람회기구(BIE) 대표 교섭 윤석열 대통령 만찬사	2023.11.23.
429	국제박람회기구(BIE) 대표 교섭 윤석열 대통령 오찬사	2023.11.24.
430	국가과학기술자문회의 민간위원 오찬 간담회	2023.11.27.
431	제50회 국무회의	2023.11.28.
432	제21기 민주평통 전체회의	2023.11.28.
433	제60회 무역의 날 기념식	2023.12.5.
434	정신건강정책 비전선포대회	2023.12.5.

윤석열 대통령 주요 연설 전문

번호	구분	날짜
1	정치 참여 및 대선 출마 선언문	2021.6.29.
2	제20대 윤석열 대통령 취임사	2022.5.10.
3	윤석열 대통령 국회 시정연설	2022.5.16.
4	제42주년 5·18민주화운동 기념식	2022.5.18.
5	한미 공동 기자회견 윤석열 대통령 모두 발언	2022.5.21.
6	제67회 현충일 추념사	2022.6.6.
7	새 정부 경제정책 방향 발표회의 모두 발언	2022.6.16.
8	제1차 비상경제민생회의	2022.7.8.
9	국민통합위원회 출범식	2022.7.27.
10	제77주년 광복절 경축사	2022.8.15.
11	제77차 유엔총회 기조연설	2022.9.20.
12	건군 제74주년 국군의 날 기념행사	2022.10.1
13	2023년도 예산안 및 기금운용계획안 대통령 시정연설문	2022.10.25.
14	2023년 윤석열 대통령 신년사	2023.1.1.
15	연세대 학위수여식 윤석열 대통령 축사	2023.2.27.
16	제104주년 3.1절 기념사	2023.3.1.
17	제57회 납세자의 날 기념식	2023.3.3.
18	한−일 정상 공동기자회견문	2023.3.16.
19	제12회 국무회의 윤석열 대통령 모두 발언	2023.3.21.
20	제75주년 제주4·3희생자 추념식	2023.4.3.
21	제67회 신문의 날 기념대회 축사	2023.4.6.
22	제63주년 4.19혁명 기념사	2023.4.19
23	미국 상하원 합동회의 연설	2023.4.27.
24	재외동포청 출범식 기념사	2023.6.5.

> "산업화와 민주화로 지금의 대한민국을 만든 위대한 국민,
> 그 국민의 상식으로부터 출발하겠습니다."
>
> 2021.6.29. 정치 참여 및 대선 출마 선언문

존경하는 국민 여러분!

지난 3월 초 공직에서 물러난 후, 많은 분들을 만났습니다. 한결같이 나라의 앞날을 먼저 걱정하셨습니다. 도대체 나라가 이래도 되는 거냐고 하셨습니다.

천안함 청년 전준영은 분노하고 있었습니다. K-9 청년 이찬호는 억울해서가 아니라 잊혀지지 않기 위해서 책을 썼습니다. 살아남은 영웅들은 살아있음을 오히려 고통스러워했습니다. 국가를 지키고 국민을 지킨 우리를 왜 국가는 내팽개치는 거냐고. 마포의 자영업자는 도대체 언제까지 버텨야 하는 거냐고, 국가는 왜 희생만을 요구하는 거냐고 물었습니다. 대한민국을 만들고 지킨 영웅들입니다. 저 윤석열은 그 분들과 함께 하겠습니다. 산업화와 민주화로 지금의 대한민국을 만든 위대한 국민, 그 국민의 상식으로부터 출발하겠습니다.

그 상식을 무기로, 무너진 자유민주주의와 법치, 시대와 세대를 관통하는 공정의 가치를 기필코 다시 세우겠습니다. 정의가 무엇인지 고민

하기 전에 누구나 정의로움을 일상에서 느낄 수 있게 하겠습니다. 이것이 제 가슴에 새긴 사명입니다.

4년 전 문재인 정권은 국민들의 기대와 여망으로 출범했습니다. '기회는 평등하고 과정은 공정하며 결과는 정의로운 나라' '특권과 반칙 없는 나라'를 만들겠다고 약속했습니다. 우리 모두 똑똑히 기억하고 있습니다. 그런데 그동안 어땠습니까?

경제 상식을 무시한 소득주도성장, 시장과 싸우는 주택정책, 법을 무시하고 세계 일류 기술을 사장시킨 탈원전, 매표에 가까운 포퓰리즘 정책으로 수많은 청년, 자영업자, 중소기업인, 저임금 근로자들이 고통을 받았습니다. 정부 부채 급증으로 변변한 일자리도 찾지 못한 청년 세대들이 엄청난 미래 부채를 떠안았습니다. 청년들이 겨우 일자리를 구해도 폭등하는 집값을 바라보며 한숨만 쉬고 있습니다. 청년들의 좌절은 대한민국을 인구절벽으로 몰아 가고 있습니다.

국민을 내 편 네 편으로 갈라 상식과 공정, 법치를 내팽개쳐 나라의 근간을 무너뜨리고 국민을 좌절과 분노에 빠지게 하였습니다. 이 정권이 저지른 무도한 행태는 일일이 나열하기도 어렵습니다. 정권과 이해관계로 얽힌 소수의 이권 카르텔은 권력을 사유화하고, 책임의식과 윤리의식이 마비된 먹이사슬을 구축하고 있습니다.

이 정권은 권력을 사유화하는 데 그치지 않고 집권을 연장하여 계속 국민을 약탈하려 합니다. 우리 헌법의 근간인 자유민주주의에서 '자유'를 빼내려 합니다. 민주주의는 자유를 지키기 위한 것이고 자유는 정부의 권력 한계를 그어주는 것입니다. 그렇기 때문에 자유가 빠진

민주주의는 진짜 민주주의가 아니고 독재요 전제입니다. 이 정권은 도대체 어떤 민주주의를 바라는 것입니까. 도저히 이들을 그대로 두고 볼 수 없습니다.

자유민주주의는 승자를 위한 것이고 그 이외의 사람은 도외시하는 것이라는 오해가 있습니다. 인간은 본래 모두 평등한 존재입니다. 그래서 누가 누구를 지배할 수 없고 모든 개인의 자유가 보장되어야 합니다. 그러나 자유민주국가에서는 나의 자유만 소중한 것이 아니라 다른 사람의 자유와 존엄한 삶 역시 마찬가지로 중요한 것입니다. 존엄한 삶에 필요한 경제적 기초와 교육의 기회가 없다면 자유는 공허한 것입니다. 승자 독식은 절대로 자유민주주의가 아닙니다. 자유를 지키기 위한 연대와 책임이 중요합니다. 그리고 이는 자유민주주의를 추구하는 국민의 권리입니다.

국제 사회는 인권과 법치, 자유민주주의 가치를 공유하는 국가들 사이에서만 핵심 첨단기술과 산업시설을 공유하는 체제로 급변하고 있습니다. 외교 안보와 경제, 국내 문제와 국제관계가 분리될 수 없는 하나가 되었습니다. 이제는 전쟁도 총으로 싸우는 것이 아니라 반도체 칩으로 싸웁니다. 국제 사회에서도 대한민국이 문명국가의 보편적 가치에 기반하고 있다는 분명한 입장을 보여야 합니다. 대한민국이 어떤 나라인지 확고한 정체성을 보여주어 적과 친구, 경쟁자와 협력자 모두에게 예측가능성을 주어야 합니다.

지금 우리는 경제 사회 시스템의 토대가 되는 기술 기반이 혁명적으로 바뀌는 시대를 맞이하고 있습니다. 과거에는 상상할 수도 없었던 초고속 정보 처리 기술이 우리의 삶을 크게 변화시키고 있습니다. 우리는 기술 혁명에 따른 사회 변화를 거부할 수 없습니다. 과거에 해 오던 방식대로 일하는 것만으로는 국제 분업 체계에서 낙오되어 저생산성 국가로 떨어질 것입니다.

　우리에게 닥친 새로운 기술 혁명 시대의 도전을 극복하기 위해서는 과학 기술과 경제 사회 제도의 혁신이 필수입니다. 혁신은 자유롭고 창의적인 사고, 자율적인 분위기, 공정한 기회와 보상, 예측가능한 법치에서 나오는 것입니다. 광범위한 표현의 자유, 공정과 상식, 법치의 자양분을 먹고 창의와 혁신은 자랍니다.

　국민들이 뻔히 보고 있는 앞에서, 오만하게 법과 상식을 짓밟는 정권에게 공정과 자유민주주의를 바라고 혁신을 기대한다는 것은 망상입니다. 현재 국민들이 먹고 사는 문제도 해결하지 못하고 국민들을 고통에 신음하게 만드는 정치 세력은 새로운 기술 혁명의 시대를 준비하고 대처할 능력도 의지도 없습니다. 이들의 집권이 연장된다면 대한민국의 앞날이 어떻게 될지 불 보듯 뻔합니다.

　우리 국민들은 다 알고 있습니다. 더 이상 이들의 기만과 거짓 선동에 속지 않을 것입니다. 이제 우리는 이런 부패하고 무능한 세력의 집권 연장과 국민 약탈을 막아야 합니다. 여기에 동의하는 모든 국민과 세력은 힘을 합쳐야 합니다. 그래서 반드시 정권교체를 이루어내야 합니다.

　여러 가지로 부족한 제게 국민 여러분께서 많은 격려와 지지를 보내주셨습니다. 저는 그 뜻이 살아있는 권력에 대해 법을 집행하면서 위축되지 말라는 격려로 생각해왔습니다. 그러나 공직 사퇴 이후에도 국민들께서 사퇴의 불가피성을 이해해주시고 끊임없는 지지와 성원을 보내주셨습니다. 저는 그 의미를 깊이 생각했습니다. 공정과 상식을 무너뜨리고 자유와 법치를 부정하는 세력이 더 이상 집권을 연장하여 국민에게 고통을 주지 않도록 정권을 교체하는데 헌신하고 앞장서라는 뜻이었습니다.

정권교체, 반드시 해내야 합니다.

정권교체를 이루지 못하면 개악과 파괴를 개혁이라 말하고, 독재와 전제를 민주주의라 말하는 선동가들과 부패한 이권 카르텔이 지금보다 더욱 판치는 나라가 되어 국민들이 오랫동안 고통을 받을 것입니다. 그야말로 '부패완판' 대한민국이 될 것입니다. 정권교체라는 국민의 열망에 부응하지 못하면 국민과 역사 앞에 씻을 수 없는 죄를 짓는 것입니다.

저 윤석열, 반드시 정권교체를 이루겠다는 절실함으로 나섰습니다. 거대 의석과 이권 카르텔의 호위를 받고 있는 이 정권은 막강합니다. 그렇기 때문에, 열 가지 중 아홉 가지 생각은 달라도, 한 가지 생각, 정권교체로 나라를 정상화시키고 국민이 진짜 주인인 나라를 만들어야 한다는 생각을 같이 하는 모든 사람들이 힘을 합쳐야 합니다. 생각이 다른 사람들이 함께 힘을 모을 때, 우리는 더 강해집니다. 그래야만 이길 수 있습니다. 그러면 빼앗긴 국민의 주권을 되찾아 올 수 있습니다.

저는 정치 일선의 경험은 없습니다. 그러나 인사권을 가진 권력자가 아니라 국민의 뜻에 따라 오로지 국민만을 바라보고 일해야 한다는 신념으로 26년의 공직 생활을 했습니다. 법과 정의, 자유민주주의 가치를 현실에 구현하는 것이 말처럼 쉬운 일이 아니라는 것을 몸소 체험하고 겪었습니다. 국민들께서 그동안 제가 공정과 법치를 실현하는 과정에서 겪은 일들을 다 보셨습니다. 정치는 국민들이 먹고 사는 현안을 해결하고 미래를 준비하는 일입니다. 우리의 현안을 해결하고 미래를 준비하는데 공정과 법치는 필수적인 기본 가치입니다. 이러한 가치를 바로 세우는 것이 국민을 위한 정치의 시작입니다.

국민 여러분, 저는 국민과 국가의 미래를 위해 모든 것을 바치고 헌신할 준비가 되었음을 감히 말씀드립니다. 정권교체를 열망하는 모든 분들과 힘을 모아 확실하게 해내겠습니다.

우리의 미래를 짊어질 청년들이 분노하지 않는 나라, 국가를 위해 희생한 분들이 분노하지 않는 나라, 산업화에 일생을 바친 들이 분노하지 않는 나라, 민주화에 헌신하고도 묵묵히 살아가는 분들이 분노하지 않는 나라, 세금을 내는 분들이 분노하지 않는 나라를 만들겠습니다.

그리고, 청년들이 마음껏 뛰는 역동적인 나라, 자유와 창의가 넘치는 혁신의 나라, 약자가 기죽지 않는 따뜻한 나라, 국제 사회와 가치를 공유하고 책임을 다하는 나라를 반드시 만들겠습니다.

위대한 국민 여러분, 우리는 할 수 있습니다. 힘내십시오.

감사합니다.

> "인류 역사를 돌이켜보면
> 자유로운 정치적 권리, 자유로운 시장이 숨 쉬고 있는 곳은
> 언제나 번영과 풍요가 꽃 피었습니다.
> 번영과 풍요, 경제적 성장은 바로 자유의 확대입니다."
>
> 2022.5.10. 제20대 대통령 취임사

존경하고 사랑하는 국민 여러분, 750만 재외동포 여러분, 그리고 자유를 사랑하는 세계 시민 여러분, 저는 이 나라를 자유민주주의와 시장경제 체제를 기반으로 국민이 진정한 주인인 나라로 재건하고, 국제 사회에서 책임과 역할을 다하는 나라로 만들어야 하는 시대적 소명을 갖고 오늘 이 자리에 섰습니다. 역사적인 자리에 함께해 주신 국민 여러분께 감사드립니다.

문재인, 박근혜 전 대통령, 그리고 할리마 야콥 싱가포르 대통령, 포스탱 아르샹쥬 투아데라 중앙아프리카공화국 대통령, 왕치산 중국 국가부주석, 메가와티 수카르노푸트리 인도네시아 전 대통령, 더글러스 엠호프 해리스 미국 부통령 부군,조지 퓨리 캐나다 상원의장, 하야시 요시마사 일본 외무상을 비롯한 세계 각국의 경축 사절과 내외 귀빈 여러분께도 깊이 감사드립니다.

이 자리를 빌려 지난 2년간 코로나 팬데믹을 극복하는 과정에서 큰 고통을 감내해주신 국민 여러분께 경의를 표합니다. 그리고 헌신해주신 의료진 여러분께도 깊이 감사드립니다.

존경하는 국민 여러분, 세계 시민 여러분,

지금 전 세계는 팬데믹 위기, 교역 질서의 변화와 공급망의 재편, 기후 변화, 식량과 에너지 위기, 분쟁의 평화적 해결의 후퇴 등 어느 한 나라가 독자적으로, 또는 몇몇 나라만 참여해서 해결하기 어려운 난제들에 직면해 있습니다. 다양한 위기가 복합적으로 인류 사회에 어두운 그림자를 드리우고 있는 것입니다. 또한 우리나라를 비롯한 많은 나라들이 국내적으로 초저성장과 대규모 실업, 양극화의 심화와 다양한 사회적 갈등으로 인해 공동체의 결속력이 흔들리고 와해되고 있습니다.

한편, 이러한 문제들을 해결해야 하는 정치는 이른바 민주주의의 위기로 인해 제 기능을 하지 못하고 있습니다. 가장 큰 원인으로 지목되는 것이 바로 반지성주의입니다. 견해가 다른 사람들이 서로의 입장을 조정하고 타협하기 위해서는 과학과 진실이 전제되어야 합니다. 그것이 민주주의를 지탱하는 합리주의와 지성주의입니다.

국가 간, 국가 내부의 지나친 집단적 갈등에 의해 진실이 왜곡되고, 각자가 보고 듣고 싶은 사실만을 선택하거나 다수의 힘으로 상대의 의견을 억압하는 반지성주의가 민주주의를 위기에 빠뜨리고 민주주의에 대한 믿음을 해치고 있습니다. 이러한 상황이 우리가 처해있는 문제의 해결을 더 어렵게 만들고 있습니다.

그러나 우리는 할 수 있습니다. 역사를 돌이켜보면 우리 국민은 많은 위기에 처했지만 그럴 때마다 국민 모두 힘을 합쳐 지혜롭게, 또 용기 있게 극복해 왔습니다.

저는 이 순간 이러한 위기를 극복하는 책임을 부여받게 된 것을 감사한 마음으로 받아들이고, 우리 위대한 국민과 함께 당당하게 헤쳐 나 갈 수 있다고 확신합니다. 또 세계 시민과 힘을 합쳐 국내외적인 위기 와 난제들을 해결해 나갈 수 있다고 믿습니다.

 존경하는 국민 여러분, 세계 시민 여러분,

 저는 이 어려움을 해결해 나가기 위해 우리가 보편적 가치를 공유하 는 것이 매우 중요하다고 생각합니다. 그것은 바로 '자유'입니다. 우리 는 자유의 가치를 제대로, 그리고 정확하게 인식해야 합니다. 자유의 가치를 재발견해야 합니다.

 인류 역사를 돌이켜보면 자유로운 정치적 권리, 자유로운 시장이 숨 쉬고 있던 곳은 언제나 번영과 풍요가 꽃 피었습니다. 번영과 풍요, 경 제적 성장은 바로 자유의 확대입니다.

 자유는 보편적 가치입니다. 우리 사회 모든 구성원이 자유 시민이 되 어야 하는 것입니다. 어떤 개인의 자유가 침해되는 것이 방치된다면 나와 우리 공동체 구성원의 자유가 위협받게 되는 것입니다.

 자유는 결코 승자독식이 아닙니다. 자유 시민이 되기 위해서는 일정 한 수준의 경제적 기초, 그리고 공정한 교육과 문화의 접근 기회가 보 장되어야 합니다. 이런 것 없이 자유 시민이라고 할 수 없습니다. 어떤 사람의 자유가 유린되거나 자유 시민이 되는데 필요한 조건을 충족하 지 못한다면 모든 자유 시민은 연대해서 도와야 합니다.

 그리고 개별 국가뿐 아니라 국제적으로도 기아와 빈곤, 공권력과 군사력에 의한 불법 행위로 개인의 자유가 침해되고 자유 시민으로서의 존엄한 삶이 유지되지 않는다면 모든 세계 시민이 자유 시민으로서 연대하여 도와야 하는 것입니다. 모두가 자유 시민이 되기 위해서는 공정한 규칙을 지켜야 하고, 연대와 박애의 정신을 가져야 합니다.

  존경하는 국민 여러분,

  국내 문제로 눈을 돌려 제가 중요하게 생각하는 방향에 대해 한말씀 올리겠습니다. 우리나라는 지나친 양극화와 사회 갈등이 자유와 민주주의를 위협할 뿐 아니라 사회 발전의 발목을 잡고 있습니다. 저는 이 문제를 도약과 빠른 성장을 이룩하지 않고는 해결하기 어렵다고 생각합니다. 빠른 성장 과정에서 많은 국민들이 새로운 기회를 찾을 수 있고, 사회 이동성을 제고함으로써 양극화와 갈등의 근원을 제거할 수 있습니다.

  도약과 빠른 성장은 오로지 과학과 기술, 그리고 혁신에 의해서만 이뤄낼 수 있는 것입니다. 과학과 기술, 그리고 혁신은 우리의 자유민주주의를 지키고 우리의 자유를 확대하며 우리의 존엄한 삶을 지속 가능하게 할 것입니다. 과학과 기술, 그리고 혁신은 우리나라 혼자만의 노력으로는 달성하기 어렵습니다. 자유와 창의를 존중함으로써 과학 기술의 진보와 혁신을 이뤄낸 많은 나라들과 협력하고 연대해야만 합니다.

존경하는 국민 여러분, 세계 시민 여러분,

자유민주주의는 평화를 만들어내고, 평화는 자유를 지켜줍니다. 그리고 평화는 자유와 인권의 가치를 존중하는 국제사회와의 연대에 의해 보장 됩니다. 일시적으로 전쟁을 회피하는 취약한 평화가 아니라 자유와 번영을 꽃피우는 지속 가능한 평화를 추구해야 합니다. 지금 전 세계 어떤 곳도 자유와 평화에 대한 위협에서 자유롭지 못합니다. 지금 한반도와 동북아의 평화도 마찬가지입니다.

저는 한반도뿐 아니라 아시아와 세계의 평화를 위협하는 북한의 핵 개발에 대해서도 그 평화적 해결을 위해 대화의 문을 열어놓겠습니다. 그리고 북한이 핵 개발을 중단하고 실질적인 비핵화로 전환한다면 국제사회와 협력하여 북한 경제와 북한 주민의 삶을 획기적으로 개선할 수 있는 담대한 계획을 준비하겠습니다. 북한의 비핵화는 한반도에 지속 가능한 평화를 가져올 뿐 아니라 아시아와 전 세계의 평화와 번영에도 크게 기여할 것입니다.

사랑하고 존경하는 국민 여러분,

지금 우리는 세계 10위권의 경제 대국 그룹에 들어가 있습니다. 그러므로 우리는 자유와 인권의 가치에 기반한 보편적 국제 규범을 적극 지지하고 수호하는 데 글로벌 리더 국가로서의 자세를 가져야 합니다. 우리나라뿐 아니라 세계 시민 모두의 자유와 인권을 지키고 확대하는 데 더욱 주도적인 역할을 해야 합니다. 국제사회도 대한민국에 더욱 큰 역할을 기대하고 있음이 분명합니다.

지금 우리나라는 국내 문제와 국제 문제를 분리할 수 없습니다. 국제사회가 우리에게 기대하는 역할을 주도적으로 수행할 때 국내 문제도 올바른 해결 방향을 찾을 수 있는 것입니다.

저는 자유, 인권, 공정, 연대의 가치를 기반으로 국민이 진정한 주인인 나라, 국제사회에서 책임을 다하고 존경받는 나라를 위대한 국민 여러분과 함께 반드시 만들어 나가겠습니다.

감사합니다.

> "진정한 자유민주주의는 바로 의회주의라는 신념을
> 저는 가지고 있습니다. 의회주의는 국정운영의 중심이
> 바로 의회라는 것입니다.
> 저는 법률안, 예산안뿐 아니라 국정의 주요 사안에 관해
> 의회 지도자 및 의원 여러분과 긴밀하게 논의하겠습니다."
>
> 2022.5.16. 국회 시정연설

존경하는 국민 여러분, 박병석 국회의장님과 국회의원 여러분!

5월 10일 취임식 이후 채 일주일이 지나지 않아 다시 국회를 찾았습니다.

오늘은 정부에서 편성한 2022년도 제2회 추가경정예산안 및 기금운용 계획안의 주요 내용을 의원 여러분께 직접 설명드리고자 이 자리에 섰습니다. 국회에서 드리는 첫 시정연설을 통해 우리가 당면한 상황과 앞으로 새 정부가 풀어가야 할 과제를 의원 여러분들과 함께 고민하고자 합니다.

지금 우리가 직면한 대내외 여건이 매우 어렵습니다.

탈냉전 이후 지난 30여 년간 지속되어 오던 국제 정치·경제 질서가 급변하고 있습니다. 정치, 경제, 군사적 주도권을 놓고 벌어지는 지정학적 갈등은 산업과 자원의 무기화와 공급망의 블록화라는 새로운 흐름을 만들어 내고 있습니다. 이러한 글로벌 정치경제의 변화는 수출을 통해 성장해 오던

우리 경제에 큰 도전입니다.

 국내외 금융시장도 불안정합니다. 높은 수준의 인플레이션이 지속되면서 금리 인상과 유동성 축소 속도가 빨라지고 있어 금융시장에도 부정적인 영향을 미치고 있습니다. 높은 물가와 금리는 취약계층에게 더 큰 고통을 줍니다. 방역 위기를 버티는 동안 눈덩이처럼 불어난 손실만으로도 소상공인과 취약계층에게는 치명적입니다.

 우리의 안보 현실은 더욱 엄중해지고 있습니다. 북한은 날이 갈수록 핵무기 체계를 고도화하면서 핵무기 투발 수단인 미사일 시험발사를 계속 이어가고 있습니다. 제가 취임한 지 이틀 뒤인 지난 5월 12일에도 북한은 미사일 세 발을 발사했습니다. 올해 들어서만 16번째 도발이며 핵 실험을 준비하는 정황도 파악되고 있습니다. 형식적 평화가 아니라 북한의 비핵화 프로세스와 남북 간 신뢰 구축이 선순환 하는 지속 가능한 평화를 우리는 만들어가야 합니다.

 이번 주에 방한하는 미국 바이든 대통령과 〈인도 태평양 경제프레임워크(IPEF)〉를 통한 글로벌 공급망 협력 강화방안을 논의할 것입니다. 공급망 안정화 방안뿐 아니라 디지털 경제와 탄소 중립 등 다양한 경제 안보에 관련된 사안이 포함될 것입니다.

 정부가 주요국과 경제 안보 협력을 확대하고 국제 규범 형성을 주도하기 위해서는 국회의 도움이 절실합니다.

 국민 여러분, 그리고 의원 여러분

지금 우리가 직면한 나라 안팎의 위기와 도전은 우리가 미루어 놓은 개혁을 완성하지 않고서는 극복하기 어렵습니다. 지속 가능한 복지제도를 구현하고 빈틈없는 사회안전망을 제공하려면 연금 개혁이 필요합니다. 또 세계적인 산업구조의 대변혁 과정에서 경쟁력을 제고하고, 많은 일자리를 창출하기 위해서는 글로벌 스탠더드에 부합하는 노동 개혁이 역시 필요합니다. 우리 학생들에게 기술 진보 수준에 맞는 교육을 공정하게 제공하려면 교육 개혁 역시 피할 수 없는 과제입니다.

연금 개혁, 노동 개혁, 교육 개혁은 지금 추진되지 않으면 우리 사회의 지속 가능성을 위협하고 되고 더 이상 미룰 수 없는 과제가 되었습니다. 정부와 국회가 초당적으로 협력해야 합니다.

국민 여러분, 그리고 의원 여러분
새 정부의 5년은 우리 사회의 미래를 결정할 매우 중요한 시간입니다.

우리가 직면한 위기와 도전의 엄중함은 진영이나 정파를 초월한 초당적 협력을 그 어느 때보다 강력하게 요구하고 있습니다. 제2차 세계대전이라는 절체절명의 위기 상황에서 영국 보수당과 노동당은 전시 연립내각을 구성하고 국가가 가진 모든 역량을 총동원하여 위기에서 나라를 구했습니다. 지금 대한민국에서는, 각자 지향하는 정치적 가치는 다르지만 공동의 위기를 극복하기 위해 기꺼이 손을 잡았던 처칠과 애틀리의 파트너십이 그 어느 때보다 필요합니다.

진정한 자유민주주의는 바로 의회주의라는 신념을 저는 가지고 있습니다. 의회주의는 국정운영의 중심이 의회라는 것입니다. 저는 법률안, 예산안 뿐 아니라 국정의 주요 사안에 관해 의회 지도자와 의원 여러분과 긴밀하게 논의하겠습니다. 그리고 그래야 마땅하다고 생각합니다.

존경하는 의원 여러분,

오늘 제가 제안 설명을 드릴 추경안은 우리 앞에 놓인 도전을 의회주의 원리에 따라 풀어가는 첫걸음으로서 의미가 크다고 생각합니다.

정부가 이번 추경안을 편성하는 과정에서 고려한 것은 소상공인의 손실을 온전히 보상하고 민생 안정을 충분히 지원하면서도 금리, 물가 등 거시경제 안정을 유지하면서 재정의 건전성도 지켜야 한다는 점이었습니다.

이번 추경의 총 규모는 59조4천억 원이지만, 지방정부 이전분 23조 원을 제외하면 중앙정부는 총 36조4천억 원을 지출하게 됩니다.

이러한 재원을 조달하기 위하여 정부는 전년도 세계잉여금 등 가용 재원 8조1천억 원과 금년도 지출 구조조정에 의한 예산 중 절감액 7조 원을 우선 활용하였고, 나머지 21조3천억 원은 금년도 초과 세수 53조3천억 원 중 일부를 활용하였습니다.

초과 세수의 나머지 재원은 앞서 말씀드린 지방재정에 23조 원, 국가 채무 감축에 9조 원을 쓰도록 하겠습니다.

이제 정부가 금번 추경을 통해 추진하고자 하는 주요 예산사업에 대해 간략히 설명 드리겠습니다.

첫째, 소상공인의 손실에 대해 온전하게 보상하겠습니다.

지난 2년간 코로나 방역 조치에 협조하는 과정에서 소상공인을 중심으로 막대한 피해가 발생하였고 우리 민생경제는 지금 위기에 빠져있습니다. 이렇게 발생한 손실을 보상하는 일은 법치 국가의 당연한 책무라고 사료됩니다. 또한 적기에 온전한 지원이 이루어지지 않으면 어렵게 버텨왔던 소상공인이 재기 불능에 빠지고 결국 더 많은 복지 재정 부담으로 돌아올 것이 명백합니다.

구체적으로, 정부는 이번 추경에서 총 24조5천억 원을 투입하여 전체 370만 개의 소상공인 업체에 대해 최소 600만 원에서 최대 1,000만 원까지 손실보상 보전금을 지원하겠습니다. 그리고 보상의 기준과 금액도 대폭 상향하겠습니다.

둘째, 방역과 의료체계 전환을 지원하겠습니다.

오미크론의 급격한 확산에 따른 진단검사비와 격리 및 입원 치료비, 생활지원비와 유급휴가비 등에 3조5천억 원을 지원할 것입니다. 포스트 코로나 시대의 일상 복귀를 위해 먹는 치료제 100만 명분과 충분한 병상 확보 등에 2조6천억 원을 투입하겠습니다.

마지막으로, 물가 등 민생 안정을 위해 총 3조1천억 원을 지원하겠습니다.

그리고 저소득층의 실질 구매력 보완을 위해 4인 가구 기준 최대 100만 원의 한시 긴급생활지원금을 총 227만 가구에 지급하겠습니다. 그리고 서민을 위한 저금리 대출 지원, 냉난방비 부담 완화를 위한 에너지 바우처, 대학생들에 대한 근로 장학금, 장병들의 급식비 인상 등 현재 인플레이션으로 어려움을 겪고 계신 분들을 꼼꼼하게 살펴서 지원하도록 하겠습니다. 또한, 손실보상의 사각지대에 있는 특수형태근로종사자, 프리랜서, 저소득 문화예술인, 법인 택시와 버스 기사 등 총 89만 명에게도 고용 및 소득안정자금을 지원하겠습니다. 아울러, 서민들의 장바구니 부담 완화를 위해 농축수산물 할인쿠폰을 최대 585만 명에게 추가 지원하고 농어민에 대한 생산 자금 지원을 강화하겠습니다.

이번 추경에는 산불 등 재난 피해 지원을 위한 예산도 담았습니다. 정부는 산불 피해로 인한 이재민들께서 조속히 일상의 삶으로 돌아갈 수 있도록 최대한 지원하겠습니다.

존경하는 의원 여러분,

우리는 코로나 바이러스의 위협에 노출된 북한 주민에게 필요한 지원을 아끼지 않아야 합니다. 저는 인도적 지원에 대해서는 남북관계의 정치, 군사적 고려 없이 언제든 열어놓겠다는 뜻을 여러 차례 밝혀왔습니다. 북한 당국이 호응한다면 코로나 백신을 포함한 의약품, 의료기구, 보건 인력 등 필요한 지원을 아끼지 않겠습니다.

존경하는 국민 여러분, 그리고 국회의장님과 국회의원 여러분 우리 국민은 위기 때마다 힘을 모았습니다. 우리 국민은 모두가 힘들었던 코로나 상황 속에서 너 나 할 것 없이 이웃들을 보호하기 위해 자신의 피해는 기꺼이 감내하였습니다.

이제는 정부와 국회가 나설 때입니다. 국민의 희생이 상처가 아닌 자긍심으로 남도록 마땅히 보답해야 한다고 생각합니다.

이번 추경안은 소상공인에 대한 손실보상과 서민 생활의 안정을 위한 중요한 사업들을 포함하고 있습니다. 민생 안정이 그 어느 때보다 시급하다는 점을 고려하여 추경이 이른 시일 내에 확정될 수 있도록 국회의 협조를 간곡히 요청드립니다. 그리고 추가경정예산안뿐 아니라 다른 국정 현안에 관해서도 존경하는 의원 여러분께서 깊은 관심을 가지고 도와주실 것을 부탁드립니다.

우리는 여야가 치열하게 경쟁하면서도 민생 앞에서는 초당적 협력을 통해 위기를 극복해 온 자랑스러운 역사가 있습니다.

존경하는 박병석 국회의장님 그리고 의원 여러분

오늘 이 자리가 우리의 빛나는 의회주의 역사에 자랑스러운 한 페이지로 기록되기를 저는 희망합니다. 감사합니다.

> ""이제 광주와 호남이 자유민주주의와 인권이라는
> 보편적 가치 위에
> 담대한 경제적 성취를 꽃피워야 합니다."
>
> 2022.5.18. 제42주년 5·18민주화운동 기념식

존경하는 국민 여러분, 5·18민주화운동 유공자와 유가족 여러분,

오늘 민주화의 성지 광주에서 여러분을 뵙습니다. 취임 후 첫 국가기념일이자 첫 지역 방문입니다. 감회가 남다릅니다.

우리는 민주 영령들께서 잠들어 계시는 이곳에 숙연한 마음으로 섰습니다. 고귀한 희생에 경의를 표하며 머리 숙여 명복을 빕니다. 가족과 이웃, 벗을 잃은 아픔을 안고 살아가시는 5·18민주화운동 유공자와 유가족 여러분께도
깊은 위로의 말씀을 드립니다.

우리는 42년 전, 자유민주주의와 인권의 가치를 피로써 지켜낸 오월의 항거를 기억하고 있습니다. 그날의 아픔을 정면으로 마주하면서 우리는 이 땅에 자유민주주의를 발전시켜 왔습니다. 오월 정신은 보편적 가치의 회복이고, 자유민주주의 헌법 정신 그 자체입니다. 그 정신은 우리 모두의 것이고, 대한민국의 귀중한 자산입니다.

오월의 정신은 지금도 자유와 인권을 위협하는 일체의 불법 행위에 대해 강력하게 저항할 것을 우리에게 명령하고 있습니다. 5·18은 현재도 진행 중인 살아있는 역사입니다. 이를 책임 있게 계승해 나가는 것이야말로 우리의 후손과 나라의 번영을 위한 출발입니다.

오월 정신이 담고 있는 자유민주주의와 인권의 가치가 세계 속으로 널리 퍼져나가게 해야 합니다. 우리 모두가 자유와 인권이라는 보편적 가치를 당당하게 누릴 수 있어야 합니다. 그 누구의 자유와 인권이 침해되는 것도 방치되어서는 안 됩니다. 우리 모두 함께 지켜야 합니다. 이 자유와 인권의 가치를 지키고 확대해 나갈 책임은 온전히 우리의 손에 달려있습니다.

이제 광주와 호남이 자유민주주의와 인권이라는 보편적 가치 위에 담대한 경제적 성취를 꽃피워야 합니다. AI와 첨단 기술기반의 산업 고도화를 이루고 힘차게 도약해야 합니다. 저와 새 정부는 민주 영령들이 지켜낸 가치를 승화시켜 번영의 길로 나아갈 수 있도록 최선을 다할 것입니다.

광주와 호남은 역사의 고비마다 시대가 나아가야 할 길을 밝혀주는 선구자 역할을 해왔습니다. 앞으로 대한민국이 새로운 도약을 이뤄가는 여정에서도
자유민주주의의 산실인 광주와 호남이 앞장설 것이라 확신합니다.

존경하는 광주시민 여러분,

저는 오월 정신을 확고히 지켜나갈 것입니다. 광주의 미래를 여러분과 함께 멋지게 열어갈 것을 약속드립니다. 올해 초 여러분께 손편지를 통해 전했던 그 마음 변치 않을 것입니다.

다시 한 번, 민주 영령들의 정신을 기리며 그분들의 안식을 기원합니다. 그리고 오월 정신을 묵묵히 이어오신 유공자와 유가족 여러분께도 위로의 말씀을 드립니다. 희망을 잃지 않고 꿋꿋하게 살아가는 그분들의 용기에 깊이 감사드립니다.

자유민주주의와 인권의 가치는 우리 국민을 하나로 묶는 통합의 철학입니다. 그러므로 자유민주주의를 피로써 지켜낸 오월의 정신은 바로 국민 통합의 주춧돌입니다. 오월이 품은 정의와 진실의 힘이 시대를 넘어 영원히 빛날 수 있도록 우리 함께 노력합시다. 오월의 정신이 우리 국민을 단결하게 하고 위기와 도전에서 우리를 지켜줄 것이라고 저는 확신합니다. 그런 의미에서 자유와 정의, 그리고 진실을 사랑하는 우리 대한민국 국민 모두는 광주 시민입니다.

감사합니다.

> "새로운 현실에 맞게 한미동맹도 한층 진화해 나가야 합니다. 말뿐이 아닌 행동으로, 양국 국민이 체감할 수 있는 혜택들을 끊임없이 고민하고 만들어 나가야 합니다."
>
> 2022.5.21. 한미 공동기자회견 윤석열 대통령 모두 발언

조 바이든 대통령님의 대한민국 방문을 진심으로 환영합니다.

이번 회담에서 우리 두 사람은 한미동맹을 글로벌 포괄적 전략동맹으로 발전시켜 나간다는 목표를 공유하고, 그 이행 방안을 긴밀히 논의하였습니다. 아울러, 격의 없는 대화를 통해 우정과 신뢰를 쌓을 수 있었습니다.

오늘 저는 저와 바이든 대통령님의 생각이 거의 모든 부분에서 일치한다는 것을 느꼈습니다.

지난 69년에 걸쳐 역내 평화·번영의 핵심축으로서 발전해 온 한미동맹은 이제 북한의 비핵화라는 오랜 과제와 함께, 팬데믹 위기, 교역질서 변화와 공급망 재편, 기후변화, 민주주의 위기 등 새로운 도전 과제에 직면해 있습니다. 이러한 도전은 자유 민주주의와 인권이라는 보편적 가치를 공유하는 국가들의 연대를 통해서 극복할 수 있습니다. 그리고 한미동맹은 그러한 연대의 모범입니다.

한미 양국은 글로벌 포괄적 전략동맹으로서 이러한 도전 과제에 함께 대응해 나가면서, 규범에 기반한 질서를 함께 만들어 가고자 합니다. 이러한 바이든 대통령님과 저의 열망은 오늘 채택하게 될 공동성명에도 잘 담겨 있습니다. 공동성명 협상과정에서 양국 실무진들이 보여준 신뢰와 협력을 높이 평가합니다.

 한반도의 지속 가능한 평화는 원칙에 기초한 일관된 대북 정책에 의해 뒷받침됩니다. 저는 바이든 행정부와 긴밀히 공조해서 한반도의 평화를 확고히 지키면서, 북한이 대화를 통한 실질적인 협력에 응하도록 외교적 노력을 펼쳐나갈 것입니다.

 우리 두 정상은 북한의 완전한 비핵화라는 공동의 목표를 재확인하였습니다. 안보는 결코 타협할 수 없다는 공동 인식 아래 강력한 대북 억지력이 무엇보다 중요하다는 데 공감하였습니다. 바이든 대통령님은 굳건한 對韓 방위 및 실질적인 확장억제 공약을 확인해 주었습니다.

 동시에, 한미 양국은 북한이 진정한 비핵화의 길로 나설 수 있도록 국제사회와 함께 외교적 노력을 다해나갈 것입니다. 안보리 결의도 국제사회와 함께 철저히 이행할 것입니다. 대화의 문은 열려 있습니다. 북한이 실질적인 비핵화에 나선다면 국제사회와 협력하여 북한 경제와 주민들의 삶의 질을 획기적으로 개선할 수 있는 담대한 계획을 준비할 것입니다.

 현재 겪고 있는 코로나 위기에 대해서는 정치·군사적 사안과는 별도로 인도주의와 인권의 차원에서 적극 지원할 용의가 있습니다. 북한이 이러한 제안에 긍정적으로 호응하고 실질적인 비핵화 조치에 나서기를 촉구합니다.

우리는 경제가 안보, 안보가 곧 경제인 시대에 살고 있습니다. 국제 안보 질서 변화에 따른 공급망 교란이 국민의 생활과 직결되어 있습니다.

새로운 현실에 맞게 한미동맹도 한층 진화해 나가야 합니다. 말뿐이 아닌 행동으로, 양국 국민이 체감할 수 있는 혜택들을 끊임없이 고민하고 만들어 나가야 합니다. 저와 바이든 대통령은 반도체·배터리, 원자력, 우주개발, 사이버 등 새로운 산업 분야에서 실질적인 협력을 강화해 나가기로 하였습니다. 국제질서 변화에 따른 시장 충격에도 한미 양국이 함께 적극 대응해 나가기로 하였습니다.

그 첫걸음으로, 대통령실 간「경제안보대화」를 신설하여 공급망과 첨단 과학기술 등 경제안보 분야에서 양국이 수시 소통하고 협력해 나가기로 하였습니다.

질서 있고 잘 작동하는 외환시장은 지속가능한 성장과 금융 안정성에 필수적입니다. 이를 위해 저와 바이든 대통령은 더 긴밀히 협의해 나가기로 하였습니다. 신형 원자로 및 소형모듈원자로(SMR)의 개발과 수출 증진을 위해 양국 원전 산업계가 함께 노력해 나가기로 하였습니다. 아울러, 양국은 미래 먹거리로 부상 중인 방산 분야의 FTA라고 할 수 있는, 「국방 상호 조달 협정」 협의를 개시하기로 하였습니다.

우리나라는 전쟁의 참화 속에서 미국을 비롯한 국제사회의 도움을 토대로 눈부신 성장을 이루었습니다. 세계는 이제 우리를 선진 민주국

가, 세계 10위권의 경제강국, 문화대국으로 생각하고 있습니다. 이제
는 국제사회가 우리에게 기대하는 역할을 주도적으로 수행하여, 책임
과 기여를 다해야 할 것입니다.

인·태 지역은 한미 모두에게 중요한 지역입니다. 한미 양국은 규범에
기반한 인·태 지역 질서를 함께 구축해 나갈 것입니다. 그 첫걸음은 인
태경제 프레임워크(IPEF) 참여입니다. 우리의 역내 기여와 역할을 확
대하기 위한 전략도 만들어 나갈 것입니다.

한미 양국은 당면한 글로벌 현안에 관해서도 더욱 긴밀히 공조해 나
갈 것입니다.

러시아의 우크라이나 침공으로 인한 비극이 조속히 해결되어 우크라
이나 국민이 평화로운 일상으로 돌아갈 수 있도록 한미 양국이 국제사
회와 적극 협력해 나가기로 하였습니다. 글로벌 백신 파트너십을 토대
로 국제사회의 코로나 대응 노력에 적극 동참할 것입니다. 글로벌보건
안보(GHS) 조정사무소를 서울에 설립함으로써 지속가능한 세계 보건
안보에 기여하겠습니다. 인류에 대한 실존적 위협인 기후변화에 대해
양국은 2030년 온실가스 감축목표 및 2050년 탄소중립 달성을 위해
더욱 긴밀히 공조할 것입니다.

오늘 바이든 대통령과 다진 우의와 신뢰를 바탕으로 새로운 시대를
향한 양국간 협력을 더욱 강화해 나가고자 합니다. 이를 위해 양국이
자주 소통하며 긴밀하게 협의해 나가기를 희망합니다.

감사합니다.

> "국가의 안보와 국민의 안전을 지키는 것이 영웅들의
> 사명이었다면 남겨진 가족을 돌보는 것은 국가의 의무입니다.
> 국가유공자와 유족들을 더욱 따뜻하게 보듬겠습니다.
> 확고한 보훈 체계는 강력한 국방력의 근간입니다."
>
> 2022.6.6. 제67회 현충일 추념사

존경하는 국민 여러분, 240만 보훈 가족과 국가유공자 여러분

제67회 현충일을 맞았습니다.

이곳 국립(서울)현충원에는 대한민국 독립을 위해 투쟁한 순국선열과 공산 세력의 침략으로부터 자유대한민국을 지킨 호국영령들, 그리고 목숨을 바쳐 국민의 생명을 지킨 분들이 함께 잠들어 계십니다. 나라를 위해 숭고한 희생을 하신 모든 분께 경의를 표하며 머리 숙여 명복을 빕니다. 오랜 세월 가족을 잃은 아픔을 간직해 오신 유가족들께도 깊은 위로의 말씀을 올립니다.

지금 우리가 누리고 있는 자유와 평화는 조국을 위해 희생하신 순국선열과 호국영령들의 용기와 헌신으로 지킬 수 있었습니다. 그 무엇보다도 중요한 또 목숨보다도 뜨거운 용기에 우리들이 온전히 보답할 순 없습니다. 자유와 민주주의, 그리고 인권이 더욱 살아 숨 쉬는 자랑스러운 대한민국을 만드는 것이 그분들의 희생을 빛나게 하는 길이라 믿습니다.

더 이상 영웅들의 희생이 남겨진 가족의 눈물로 이어져서는 안 될 것입니다. 국가의 안보와 국민의 안전을 지키는 것이 영웅들의 사명이었다면 남겨진 가족을 돌보는 것은 국가의 의무입니다.

국가유공자와 유족들을 더욱 따뜻하게 보듬겠습니다. 확고한 보훈 체계는 강력한 국방력의 근간입니다. 공정하고 합리적인 보훈 체계를 마련해 조금이라도 억울한 분들이 없도록 할 것입니다.

존경하는 국민 여러분

지금 이 순간에도 북한의 핵과 미사일 위협은 고도화되고 있습니다. 어제도 여러 종류의 탄도미사일을 발사했습니다. 북한의 핵·미사일은 한반도는 물론 동북아와 세계 평화를 위협하는 수준에 이르고 있습니다.

우리 정부는 북한의 어떠한 도발에도 단호하고 엄정하게 대처할 것입니다. 북한의 핵과 미사일 위협을 억제하면서 보다 근본적이고 실질적인 안보 능력을 갖추어 나갈 것입니다. 우리 국민의 생명과 재산을 지키는 데 한 치의 빈틈도 없도록 하겠습니다.

지금 우리 곁에는 국가안보와 국민 안전의 최일선에서 자신을 희생하신 분들이 계십니다. 지난 1월 민가 쪽으로 전투기가 추락하는 것을 막고자 끝까지 조종간을 놓지 않고 순직한 공군 제10전투비행단 故 심정민 소령, 평택 물류센터 화재 현장에서 인명구조 임무를 수행하다 순직한 송탄소방서 119구조대 故 이형석 소방정, 故 박수동 소방장,

故 조우찬 소방교, 대만 해역에서 실종 선박을 수색하고 복귀하다 추락사고로 순직한 남부지방해양경찰청 항공단 故 정두환 경감, 故 황현준 경사, 故 차주일 경사는 국가의 안보와 국민의 안전을 지키는 것이 자신들의 꿈이었던 영웅들이었습니다. 국민을 대표해 모든 유가족 여러분께 심심한 위로의 말씀을 드립니다.

자유와 번영을 이룩한 나라의 국민은 조국을 위해 희생하고 헌신한 이들을 정성껏 예우해 왔습니다. 제복 입은 영웅들이 존경받는 나라를 만들어야 합니다. 이들이 있기에 우리 국민이 안전하고 편안하게 꿈과 행복을 추구할 수 있습니다.

존경하는 국민 여러분

이제 후손들에게 더욱 자유롭고 평화로운 대한민국을 가꾸고 물려줄 사명이 우리에게 있습니다. 자유와 민주주의, 인권의 가치를 추구하는 위대한 대한민국은 조국을 위해 헌신한 이들의 희생을 가치 있게 만들 것입니다.

영웅들의 용기를 국가의 이름으로 영원히 기억하겠습니다. 유가족 여러분의 가슴에도 자부심과 긍지를 꽃피울 수 있도록 대한민국 정부와 국민이 함께 할 것입니다.

감사합니다.

> "정부는 민간의 혁신과 신사업을 가로막는 낡은 제도,
> 그리고 법령에 근거하지 않은 관행적인 그림자 규제,
> 이런 것들을 모조리 걷어낼 것입니다."
>
> 2022.6.16. 새 정부 경제정책 방향 발표회의 모두 발언

여러분, 반갑습니다. 각 분야의 전문가 여러분과 함께 새 정부의 경제정책 방향을 오늘 논의하고자 합니다.

지금 우리 경제가 직면한 국내외 여건이 매우 엄중합니다. 오늘 아침 뉴스에서 다 보셨겠지만 미 연준에서 우리가 예상하던 것의 2~3배의 금리 인상을 또 단행했습니다. 스태그플레이션의 공포가 엄습하고 있습니다. 복합의 위기에 우리 경제와 시장이 불안해 하고 흔들리고 있습니다.

국민들께서 체감하는 이 어려움은 이루 말할 수가 없습니다. 이보다 훨씬 더 심각한 상황도 우리가 각오하고 대응해 나가야 할 것입니다. 당면한 민생위기를 극복하고, 우리 경제를 비약적으로 성장시켜서 고질적인 저성장과 양극화 문제를 위기 대응과 함께 해결해 나가야 하겠습니다.

민간이 더 많은 일자리를 만들고, 국민이 새로운 기회를 찾도록 정부의 역량을 결집해야 할 상황입니다. 저는 선거 당시부터도 집권을 하

게 되면 민간의 자유와 창의를 최대한 존중하겠다고 여러 차례 말씀드려 왔습니다. 어려울수록, 또 위기에 처할수록 민간 주도, 시장 주도로 우리 경제의 체질을 완전히 바꿔야 합니다. 그렇지 않으면 복합 위기를 극복해 나가기가 어렵습니다.

정부는 민간의 혁신과 신사업을 가로막는 낡은 제도, 그리고 법령에 근거하지 않은 관행적인 그림자 규제, 이런 것들을 모조리 걷어낼 것입니다. 기업의 경쟁력을 훼손하고 기업가 정신을 위축시키는 제도와 규제는 과감하게 개선하고, 그러면서도 공정한 시장 질서를 교란하는 이런 행위들은 법과 원칙에 따라서 발붙일 수 없게끔 하는 것이 기업과 정신을 북돋고 투자를 할 수 있게 만들어 주는 것입니다. 민간 투자의 위축과 생산성의 하락, 생산성이 하락되면 투자할 동기가 없어지기 때문에 이러한 상태를 더 이상 우리 경제와 정치가 방관할 수 없습니다.

경제안보 시대의 전략 자산인 반도체 등 국가 전략산업의 R&D 지원, 인재 양성, 이런 것들에 대해서 정부가 할 수 있는 모든 일을 다해야 합니다.

새 정부는 그동안 미뤄왔던 우리 사회의 구조적인 문제를 더 이상 외면하지 않겠습니다. 인기가 없는 정책이라도 반드시 밀고 나가겠습니다. 그리고 그래야 합니다.

청년들에게 일자리의 기회를 막는 노동시장, 또 현장에 필요한 인재를 제대로 키워내지 못하는 낙후된 교육제도, 미래세대에게 부담을 계속 가중시켜 가는 연금제도는 당장이라도 두 팔을 걷고 나서야 됩니다. 미래를 생각하는 정부라면 마땅히 가야 할 길이고, 정치권도 여야가 따로 없이 초당적으로 여기에 협력하고 동참해 주실 것을 믿습니다. 시간이 걸리고, 과정의 어려움이 있더라도 국민과 함께 한 걸음씩 내딛겠습니다.

우리 정부는 국민 앞에 놓인 민생경제의 어려움을 해결하는 데 있어서도
비상한 각오로 임해야 할 것입니다. 국민들께서 직면하고 있는 물가, 금리, 주거 문제는 시급히 해결해 나가야 합니다. 정부는 민간의 생산비용 부담을 덜어 생활물가를 최대한 안정을 시키고 우리 사회의 어려운 분들을 더욱 두텁게 도울 것입니다.

우리가 어떠한 목표와 비전을 갖고 가느냐에 따라 우리의 미래는 달라질 것입니다. 비상한 각오로 경제위기 대응체계를 갖춰 경제의 역동성을 회복해 나갑시다. 어떠한 어려움이 있어도 반드시 이루어내겠다는 강력한 투지로서 현재의 비상 상황을 대응해 주시기 당부 드립니다. 감사합니다.

> **"경제가 어려울수록 가장 타격을 받는 것은 바로 서민과
> 취약계층입니다. 정부는 민생안정에 사활을 걸어야 합니다."**
>
> 2022.7.8. 제1차 비상경제민생회의

　지난번 국무회의에서 제가 직접 민생 현안을 챙기겠다고 말씀을 드렸습니다. 오늘이 첫 번째 비상경제민생회의인데 정부는 지금과 같은 제도적인 경제 위기에서 민생안정에 모든 역량을 결집해야 할 것입니다.

　정부가 출범한 이후 네 차례에 걸쳐 물가 민생대책을 통해 주요 생필품 가격의 안정과 취약계층 부담 완화를 지원했습니다. 그러나 국민들께서 체감하는 경기가 매우 어렵습니다.

　경제가 어려울수록 가장 큰 타격을 받는 것은 바로 서민과 취약계층입니다. 정부는 민생안정에 사활을 걸어야 합니다.

　어제 국가재정전략회의에서 다뤘던 공공부문의 고강도 지출 구조조정을 차질 없이 진행하면서도 이렇게 해서 확보된 재원을 취약계층 지원에 최대한 투입을 해야 됩니다. 연료비 식료품비, 생필품비를 망라해서 더 촘촘하게 지원해야 할 것입니다. 지출 구조조정은 민생을 살리고 어려운 분들을 더 두텁게 지원하기 위해서 하는 것입니다. 생활

물가 안정을 위해 적극적인 수급 관리는 물론 해외 수입을 과감히 확대하고 농축수산물 할인 지원을 대폭 늘려야 합니다. 고유가 상황이 지속, 악화될 것을 대비해서 적기에 유류세 추가 인하가 가능하도록 유류세 탄력세율 한도 확대를 추진하겠습니다. 가파른 금리 상승으로 어려움을 겪는 대출자, 특히 2030 청년에 대해서는 부담을 덜어주는 방안을 찾겠습니다. 공공임대 주택의 임대료 동결도 연장하겠습니다.

글로벌 인플레이션으로 촉발된 이번 위기는 우리 국민들의 연대를 통한 위기 대처 역량을 시험하고 있습니다. 가격 급등의 충격을 취약 계층과 사회적 약자에게 전가한다면 인플레이션은 경기침체의 악순환으로 이어지고 결국 모두의 고통이 깊어질 것입니다. 더 어려운 이들을 위해 부담을 나누고 연대하고 협력해야 더 빨리 위기를 극복할 수 있습니다.

지금은 비상 상황입니다. 모든 대책을 강구해 주십시오. 저를 포함한 각 부처 장관들께서 민생 안전을 최우선 과제로 긴밀히 협의해 나가고 본인들이 피부로 체감할 수 있도록 만전을 기해 주시기를 당부드립니다.

감사합니다.

국민통합위원회 위원 여러분 반갑습니다. 어려운 일을 수락해주셔서 여러분 모두에게 진심으로 감사드립니다.

정부의 첫 대통령직속위원회인 국민통합위의 출발을 알리는 순간입니다. 아시다시피 국민통합은 국정을 수행하는 데 있어 가장 중요한 원동력이고, 우리가 직면하고 있는 복합위기를 극복하는데 있어서도 매우 중요합니다.

국민통합이 말처럼 쉬운 것은 아니지만 이를 책임 있게 실현해야 하는 몫은 바로 새 정부에 있습니다. 앞으로 국민통합위원회 위원들께서 많이 도와주시기를 부탁드립니다.

통합은 가치의 공유를 전제로 이루어지는 것입니다. 자유, 인권, 법치, 연대라는 보편적 가치가 통합의 밑거름이라고 생각합니다. 서로 생각이 완전히 다른 사람끼리 싸우지 않고 평화와 공존을 유지하는 그런 것을 통합이라고 보기는 어렵습니다. 저는 서로 다른 생각을 가진 사람들끼리 평화롭게 지내면서도 인류 보편적 가치가 우리 국민 모두에게 더 확산되고 이를 공유할 수 있도록 함께 노력해서 진정한 통합의 밑거름이 될 수 있도록 해야 한다는 생각을 가지고 있습니다.

저와 정부는 우리 사회의 새로운 도약을 강조하고 있습니다. 단순히 경제의 성장만의 문제가 아니고 고질적인 저성장 기조에서 벗어남으로서 미래를 위한 과감한 투자와 준비를 하고, 계층 이동의 사다리를 튼튼하게 해서 우리가 갖고 있는 보편적 가치에 대한 확신을 공유하고 우리 사회의 해묵은 갈등을 풀어가겠다는 것입니다. 이러한 과제는 어느 특정 분야, 특정 부처에만 해당하는 것이 아닙니다. 여기 계신 각 분야 전문가들을 국민통합위의 위원으로 모신 것도 같은 맥락입니다. 앞으로 여러분들의 많은 활약을 기대하겠습니다.

위원 여러분, 정부가 가진 역량을 결집하는 것만큼이나 중요한 것이 위기를 극복하겠다고 하는 국민들의 단결된 뜻입니다. 이를 위해 국민과 적극 소통하면서 국민과의 신뢰를 정부는 쌓아나가야 합니다. 국민 신뢰를 바탕으로 미래를 위해 꼭 필요한 과제, 어려운 개혁과제들이 진전을 이룰 수 있도록 과제의 선별과 추진 방안에 대해서 여러분들께서 많은 고견을 주시고 도와주시기를 부탁드리겠습니다.

다시 한번 김한길 위원장님을 비롯해 오늘 참석하신 모든 위원님들께 감사드리면서, 다함께 잘사는 국민의 나라를 함께 만들어 가십시다. 정말 감사합니다.

고맙습니다.

> **"우리의 독립운동은 끊임없는 자유 추구의 과정으로서
> 현재도 진행 중이며, 앞으로도 계속될 것입니다."**
>
> 2022.8.15. 제77주년 광복절 경축사

존경하고 사랑하는 국민 여러분, 750만 재외동포 여러분

오늘은 제77주년 광복절입니다.

조국의 독립을 위해 희생하고 헌신하신 순국선열과 애국지사들, 그리고 유가족 여러분께 깊은 감사와 경의를 표합니다.

일제 강점기 시절 독립운동은 3.1 독립선언과 상해 임시정부 헌장, 그리고 매헌 윤봉길 선생의 독립 정신에서 보는 바와 같이 국민이 주인인 민주공화국, 자유와 인권, 법치가 존중되는 나라를 세우기 위한 것이었습니다. 자유와 인권이 무시되는 전체주의 국가를 세우기 위한 독립운동은 결코 아니었습니다.

일제 강점기 시절 순국선열과 애국지사를 비롯하여 모든 국민이 함께 힘써온 독립운동은 1945년 바로 오늘, 광복의 결실을 이뤄냈습니다.

그러나 독립운동은 거기서 끝난 것이 아닙니다. 그 이후 공산 세력에 맞서 자유국가를 건국하는 과정, 자유민주주의의 토대인 경제성장과 산업화를 이루는 과정, 그리고 이를 바탕으로 민주주의를 발전시켜온 과정을 통해 계속되어왔고 현재도 진행 중인 것입니다.

과거에는 약소국이 강대국에 의해 억압되고 박탈된 국민의 자유를 되찾기 위해 주권 국가를 세우는 것이 시대적 사명이었습니다. 앞으로의 시대적 사명은 보편적 가치를 공유한 국가들이 연대하여 자유와 인권에 대한 위협에 함께 대항하고 세계시민의 자유와 평화, 그리고 번영을 이뤄내는 것입니다.

자유를 찾기 위해 시작된 독립운동은 진정한 자유의 기초가 되는 경제적 토대와 제도적 민주주의의 구축으로 이어졌고 이제는 보편적 가치에 기반하여 세계시민의 자유를 지키고 확대하는 것으로 계승되고 발전되어야 합니다.

존경하는 국민 여러분,

광복절인 오늘 우리는 과거에서 미래를 관통하는 독립운동의 세계사적 의미를 다시 새겨야 합니다. 역사적 시기마다 우리의 독립운동은 그 성격과 시대적 사명을 달리하며 진행되어온 역동적인 과정입니다. 자유를 찾고, 자유를 지키고 자유를 확대하고, 또 세계시민과 연대하여 자유에 대한 새로운 위협과 싸우며 세계 평화와 번영을 이뤄나가는 것입니다.

조국의 미래가 보이지 않던 캄캄한 일제 강점기에 자신의 목숨을 초개와 같이 버리며 국내외에서 무장 투쟁을 전개하신 분들, 또 노블레스 오블리주를 실천하면서 무장 독립운동가를 길러내신 분들을 생각하면 지금도 가슴이 뭉클하고 벅차오릅니다.

그리고 자유민주주의 국가를 건설할 민족 역량을 키워내기 위해 국내외에서 교육과 문화 사업에 매진하신 분들, 공산 침략에 맞서 자유민주주의를 지키기 위해 싸우신 분들, 진정한 자유의 경제적 토대를 만들기 위해 땀 흘리신 산업의 역군과 지도자들, 제도적 민주주의를 정착시키기 위해 희생과 헌신을 해오신 분들이 자유와 번영의 대한민국을 만든 위대한 독립운동가라는 점도 우리는 잊지 말아야 할 것입니다.

우리는 대한민국의 자유와 독립을 위해 헌신하고 희생하신 모든 분들을 반드시 기억해야 합니다. 이분들에 대한 존경과 예우를 다하는 것은 우리의 의무일 뿐 아니라 미래 번영의 출발입니다.

존경하는 국민 여러분,

과거 우리의 자유를 되찾고 지키기 위해 정치적 지배로부터 벗어나야 하는 대상이었던 일본은 이제, 세계시민의 자유를 위협하는 도전에 맞서 함께 힘을 합쳐 나아가야 하는 이웃입니다. 한일관계가 보편적 가치를 기반으로 양국의 미래와 시대적 사명을 향해 나아갈 때 과거사 문제도 제대로 해결될 수 있습니다.

한일관계의 포괄적 미래상을 제시한 김대중-오부치 공동선언을 계승하여 한일관계를 빠르게 회복하고 발전시키겠습니다. 양국 정부와 국민이 서로 존중하면서 경제, 안보, 사회, 문화에 걸친 폭넓은 협력을 통해 국제사회의 평화와 번영에 함께 기여해야 합니다.

우리의 독립운동 정신인 자유는 평화를 만들어내고 평화는 자유를 지켜줍니다. 한반도와 동북아의 평화는 세계 평화의 중요한 전제이고 우리와 세계시민의 자유를 지키고 확대하는 기초가 됩니다. 북한의 비핵화는 한반도와 동북아, 그리고 전 세계의 지속 가능한 평화에 필수적인 것입니다.

저는 북한이 핵 개발을 중단하고 실질적인 비핵화로 전환한다면 그 단계에 맞춰 북한의 경제와 민생을 획기적으로 개선할 수 있는 담대한 구상을 지금 이 자리에서 제안합니다. 북한에 대한 대규모 식량 공급 프로그램, 발전과 송배전 인프라 지원, 국제 교역을 위한 항만과 공항의 현대화 프로젝트, 그리고, 북한 농업 생산성 제고를 위한 기술 지원 프로그램, 병원과 의료 인프라의 현대화 지원, 국제투자 및 금융지원 프로그램을 실시하겠습니다.

존경하는 국민 여러분

세계 경제의 불확실성이 확대되고 있는 가운데 한국 경제의 국제 신인도를 지켜나가기 위해서는 무엇보다 국가 재정이 튼튼해야 합니다. 저는 공적 부문의 긴축과 구조조정을 통해 국가 재정을 최대한 건전하게 운용할 것입니다. 이를 통해 확보된 재정 여력은 서민과 사회적 약자를 더욱 두텁게 지원하는 데 쓰겠습니다.

경제적 문화적 기초를 서민과 약자에게 보장하는 것은 우리가 추구하는 보편적 가치인 자유와 연대의 핵심입니다. 어려운 분들의 생계 안정을 위해 기초 생활 보장을 강화하고 갑작스러운 위기로 어려움을 겪는 분들에 대해서도 정부 지원을 강화하겠습니다. 장애인들의 일상 생활이 불편하지 않도록 돌봄서비스를 대폭 보강하고 보호 시설에서 자립을 준비하는 청년들을 더욱 세심하게 챙길 것입니다. 국민들의 주거 불안이 없도록 수요 공급을 왜곡시키는 각종 규제를 합리화하여 주택 시장을 안정시키겠습니다. 아울러 사회적 약자를 위한 주거 복지에 최선을 다하겠습니다.

최근 초유의 집중호우로 인한 수해는 국민들께 큰 피해와 고통을 안겼습니다. 재난은 늘 서민과 사회적 약자에게 더 큰 피해와 고통으로 다가옵니다. 더 세심하고 더 철저하게 챙기겠습니다. 국민들의 신속한 일상 회복을 위해 피해 지원과 복구에 최선을 다하고 근본적인 대책을 강구 하겠습니다. 수해, 코로나 재확산 등으로 어려움을 겪고 있는 소상공인들에게는 충분한 금융 지원을 통해 대출금 상환의 부담이 가중되지 않도록 하겠습니다.

사랑하는 국민 여러분

갈수록 심화되는 양극화와 사회적 갈등은 우리 사회가 반드시 해결해야 할 과제입니다. 이를 본질적으로 해결하기 위해서는 도약과 혁신이 반드시 필요합니다. 도약은 혁신에서 나오고 혁신은 자유에서 나옵니다. 민간 부문이 도약 성장을 할 수 있도록 규제를 혁신하겠습니다. 우리 기업이 해외로 떠나지 않고, 국내에 투자하고 일자리를 만들 수 있도록 과감하게 제도를 혁신해 나갈 것입니다.

과학기술의 혁신은 우리를 더 빠른 도약과 성장으로 이끌 것입니다. 산업의 고도화와 기술 발전을 추종하는 데 그치지 않고 우리가 주도해 나갈 수 있도록 만들어 내겠습니다. 인류의 지속 가능성을 위협하는 기후변화, 펜데믹의 위기 역시 첨단과학 기술의 접목으로 해결 방안을 찾을 수 있습니다.

위대한 국민 여러분

우리는 험난하고 한치 앞이 보이지 않는 상황 속에서, 누구도 우리의 미래를 믿지 않았던 그 순간에도 자유, 인권, 법치라는 보편적 가치를 추구하고 눈부신 번영을 이뤄냈습니다. 자유를 되찾고, 자유를 지키고 자유를 확대하는 과정 속에서 우리는 더 강해졌습니다. 우리의 독립운동은 끊임없는 자유 추구의 과정으로서 현재도 진행 중이며 앞으로도 계속될 것입니다.

국민 여러분,

대한민국에 자유와 번영을 가져다준 우리의 헌법 질서는 엄혹했던 일제 강점기에 조국의 독립을 위해 헌신하신 분들의 위대한 독립 정신 위에 서 있는 것입니다.

자유, 인권, 법치라는 보편적 가치를 기반으로 함께 연대하여 세계 평화와 번영에 책임 있게 기여하는 것이야말로 독립운동에 헌신하신 분들의 뜻을 이어가고 지키는 것입니다.

저는 위대한 국민 여러분과 함께 우리에게 부여된 이 세계사적 사명을 반드시 이뤄내겠습니다.

감사합니다. 여러분!

> "진정한 자유는 속박에서 벗어나는 것만이 아니라
> 자아를 인간답게 실현할 수 있는 기회를 갖는 것이고,
> 진정한 평화는 단지 전쟁이 없는 상태가 아니라
> 인류 공동 번영의 발목을 잡는 갈등과 반복을 해소하고
> 인류가 더 번영할 수 있는 토대를 갖추는 것입니다."
>
> 2022.9.20. 제77차 유엔총회 기조연설

자유와 연대 : 전환기 해법의 모색

(Freedom and Solidarity: Answers to the Watershed Moment)

의장님, 사무총장님, 각국 대표 여러분, 처버 커러쉬(Csaba Kőrösi) 총회 의장님의 취임을 축하합니다. 의장님의 리더십 하에 이번 제77차 유엔총회가 더 나은 세계를 향해 회원국들의 지혜를 모으는 계기가 되길 바랍니다. 특히 올해 두 번째 임기를 시작한 안토니우 구테레쉬 사무총장님의 헌신과 노력에 경의를 표합니다.

유엔 헌장은 더 많은 자유 속에서 사회적 진보와 생활 수준의 향상을 촉진할 것을 천명하고 있습니다. 또한, 국제평화와 안전을 유지하기 위한 인류의 연대를 촉구하고 있습니다. 한 국가 내에서 어느 개인의 자유가 위협받을 때 공동체 구성원들이 연대해서 그 위협을 제거하고 자유를 지켜야 하듯이 국제사회에서도 어느 세계 시민이나 국가의 자유가 위협받을 때 국제사회가 연대하여 그 자유를 지켜야 합니다. 우리들의 현대사는 이렇게 연대하고 힘을 합쳐 자유를 지키고 문명적 진보를 이룩해온 과정을 보여주고 있습니다.

오늘날 국제사회는 힘에 의한 현상 변경과 핵무기를 비롯한 대량 살상 무기, 인권의 집단적 유린으로 또 다시 세계 시민의 자유와 평화가 위협받고 있습니다. 이러한 자유와 평화에 대한 위협은 유엔과 국제사회가 그동안 축적해온 보편적 국제 규범 체계를 강력히 지지하고 연대함으로써 극복해 나가야 합니다. 이번 유엔총회의 주제인 '분수령의 시점'은 우리가 직면한 글로벌 위기의 심각성을 대변함과 동시에 유엔의 역할이 그 어느 때보다 막중하다는 것을 의미합니다.

우리가 직면한 위기를 극복하고 해결책을 모색하는 출발점은 우리가 그동안 보편적으로 받아들이고 축적해온 국제 규범 체계와 유엔 시스템을 존중하고 연대하는 것입니다.

의장님, 사무총장님, 각국 대표 여러분

인류가 진정한 자유와 평화에 다가가기 위해서도 유엔의 역할이 매우 중요합니다. 진정한 자유는 속박에서 벗어나는 것만이 아니라 자아를 인간답게 실현할 수 있는 기회를 갖는 것이고 진정한 평화는 단지 전쟁이 없는 상태가 아니라 인류 공동 번영의 발목을 잡는 갈등과 반목을 해소하고 인류가 더 번영할 수 있는 토대를 갖추는 것입니다. 진정한 자유와 평화는 질병과 기아로부터의 자유, 문맹으로부터의 자유, 에너지와 문화의 결핍으로부터의 자유를 통해 실현될 수 있습니다.

유엔은 이러한 문제의 해결을 위해 유엔경제사회이사회, 유네스코 등을 통해 많은 노력을 해왔습니다만 이제는 더 폭넓은 역할과 책임을 요구받고 있습니다.

팬데믹 문제의 해결을 위해서는 유엔을 중심으로 한 국제사회의 협력으로 재정 여건과 기술력이 미흡한 나라에 지원이 더욱 과감하게 이뤄져야 합니다. 탈탄소라는 지구적 과제를 추진함에 있어, 녹색기술의 선도국가는 신재생 에너지 기술 등을 더 많은 국가들과 공유하도록 노력하고, 지원을 아끼지 않아야 합니다. 특히, 디지털 심화 시대에 디지털 격차는 국가 간의 양극화를 가중시키기 때문에 유엔을 중심으로 한 국제사회의 협력이 매우 중요한 과제가 되었습니다. 디지털 기술 선도 국가는 개도국의 디지털 교육과 기술 전수, 투자에 더욱 많은 지원을 해야 하고 유엔은 이를 이끄는 노력을 배가하여야 합니다.

의장님, 사무총장님, 각국 대표 여러분

대한민국은 최근 긴축 재정에도 불구하고 지출 구조조정을 통해 마련한 재원으로 사회적 약자에 대한 지원과 ODA 예산을 늘렸습니다. 사회적 약자에 대한 지원 확대가 지속 가능한 번영의 기반이 되는 것과 마찬가지로 국제사회에서 어려운 나라에 대한 지원은 세계의 자유와 평화를 지속 가능하게 만들 것입니다. 대한민국은 국제사회의 책임 있는 일원으로서 세계 시민의 자유와 국제사회의 번영을 위해 책임과 역할을 다할 것입니다.

대한민국은 코로나 치료제와 백신의 연구개발에 박차를 가하는 동시에, ACT-A 이니셔티브에 3억 달러, 세계은행의 금융중개기금에 3천만 달러를 공약하는 등 글로벌 보건 체계 강화를 위한 기여를 더욱 확대하고 있습니다. 세계보건기구의 팬데믹 협약 체결을 위한 협상에도 참여 중이며, 오는 11월 미래 감염병 대응을 위한 글로벌 보건안보 구상(GHSA) 각료회의를 서울에서 개최할 것입니다. 아울러 대한민국은 글로벌 감염병 대응이라는 인류 공동과제 해결에 적극 동참하기 위해 글로벌펀드에 대한 기여를 획기적으로 확대하기로 하였습니다.

기후 변화 문제에 관해서도 대한민국은 Green ODA를 확대하고 개발도상국의 저탄소 에너지 전환을 도울 것이며 혁신적 녹색기술을 모든 인류와 공유하기 위해 노력할 것입니다.

대한민국은 이미 오래전부터 전자정부 디지털 기술을 개도국을 비롯한 많은 나라에 이전하고 공유해 왔습니다. 대한민국은 지금 디지털 플랫폼 정부를 추진하고 있습니다. 디지털 기술로 민주주의와 행정 서비스, 그리고 복지 서비스를 획기적으로 업그레이드시키는 원대한 시도입니다. 앞으로도 이러한 디지털 기술과 데이터를 더 많이 공유하고 지원과 교육 투자에 노력을 아끼지 않겠습니다.

의장님, 사무총장님, 각국 대표 여러분

우리가 직면하고 있는 글로벌 위기에 대한 해결책으로 유엔 시스템과 보편적인 국제 규범 체계가 과연 유용한 것인지에 관하여 지금 현재 시험대에 올라 있다고 할 수 있습니다. 그러나 우리가 현재 직면하고 있는 이 위기는 자유라는 보편적 가치를 공유하고 자유를 지키고 확장하기 위해 함께 노력해야 한다는 확고한 연대의 정신으로 해결할 수 있습니다.

그러므로 자유와 연대의 정신에 입각한 유엔의 시스템과 그동안 보편적으로 국제사회에서 인정받아온 규범 체계가 더욱 강력하게 지지

되어야 합니다. 유엔 시스템과 보편적 규범 체계에 등을 돌리고 이탈하게 된다면 국제사회는 블록화 되고 그 위기와 혼란은 더욱 가중될 것입니다.

우리가 직면하고 있는 문제의 본질과 원인에 대해서 더욱 치열하게 고민하고, 국제사회가 그 해결을 위해 역할을 분담하고 힘을 합치는 노력들이 더욱 강력하게 실행되어야 합니다.

이러한 전환기적 위기의 해결책으로서, 세계 시민과 국제사회의 리더 여러분들게 유엔 시스템과 보편적 국제 규범 체계에 대한 확신에 찬 지지를 다시 한번 호소합니다.

의장님, 사무총장님, 각국 대표 여러분

돌이켜 보면 UN이 창립된 직후 세계 평화를 위한 첫 번째 의미 있는 미션은 대한민국을 한반도의 유일한 합법 정부로 승인하고 UN군을 파견하여 대한민국의 자유를 수호한 것이었습니다. 이러한 UN의 노력 덕분에 대한민국은 이렇게 성장할 수 있었습니다. 그러므로 대한민국은 세계 시민의 자유 수호와 확대, 그리고 평화와 번영을 위해 UN과 함께 책임을 다하겠습니다.

감사합니다.

> "우리가 누리고 있는 자유, 인권, 법치라는
> 보편적 가치를 지키고 한반도와 동북아의 지속 가능한
> 평화와 번영을 이루기 위해서는
> 무엇보다 강력한 국방력이 뒷받침되어야 합니다."
>
> 2022.10.1. 건군 제74주년 국군의 날 기념행사

존경하는 국민 여러분, 국군 장병과 내외 귀빈 여러분!

건군 제74주년 국군의 날을 진심으로 축하드립니다.

국군의 날을 맞아 오늘의 자유 대한민국을 있게 해 주신 순국 장병과 호국 영령들께 깊은 경의를 표합니다. 대한민국 국군의 살아있는 역사인 창군 원로와 참전용사, 그리고 예비역 여러분께도 존경과 감사의 말씀을 드립니다.

지금 이 순간에도 대한민국의 땅과 바다, 그리고 하늘에서 국토방위의 소임을 다하고 있는 국군 장병 여러분, 세계 각지에서 대한민국의 위상을 드높이고 있는 해외파병 장병 여러분의 헌신과 노고에 감사드립니다.

그리고 장병 여러분이 임무에 충실할 수 있도록 물심양면으로 뒷받침해 주시는 군인 가족 여러분, 한반도의 평화와 안정에 기여하고 있는 주한미군 장병과 가족 여러분께도 감사드립니다.

존경하는 국민 여러분, 국군 장병 여러분!

우리 군은 건군 이래 지난 74년 동안 대한민국의 든든한 수호자로서 역할과 책임을 다해 왔습니다. 6·25전쟁에서 피와 땀으로 조국을 지키고, 자유를 수호했습니다. 북한의 끊임없는 도발과 안보 위협에도 한 치의 흔들림 없는 대비태세로 나라를 지켜왔습니다. 그리고 국가적 재난재해 앞에서는 국민의 생명과 안전을 지키기 위해 헌신함으로써 국민 여러분께 큰 위안과 감동을 주었습니다.

우리 국민이 지금의 자유를 누릴 수 있는 것은 뜨거운 애국심과 투철한 사명감으로 대한민국을 수호해 온 국군 장병들이 있었기에 가능한 것이었습니다.

우리 군의 위상도 완전히 달라졌습니다. 제대로 된 무기와 장비도 없이 열악한 여건 속에서 출발했지만 지금은 세계가 인정하는 국방력을 갖추게 되었습니다. 우리 기술로 개발한 차세대 전투기 KF-21이 첫 시험비행에 성공했고, 세계 최고 수준의 차세대 이지스 구축함인 정조대왕함을 우리 손으로 건조했습니다. 최근 폴란드와 역대 최대 규모의 전차와 자주포, FA-50 경공격기 수출 계약을 체결해서 세계적인 방산 수출 강국으로 자리매김하였습니다.

우리 장병들은 세계 곳곳에서 평화 유지와 재건 활동에 힘쓰며 국제사회의 자유와 평화, 번영에 크게 기여하고 있습니다.

국군통수권자로서, 그리고 국민의 한 사람으로서 강군으로 성장한 우리 군이 너무나 자랑스럽습니다.

존경하는 국민 여러분!

북한은 지난 30여 년간 국제사회의 지속된 반대에도 불구하고 핵과 미사일에 대한 집착을 버리지 않고 있습니다. 심지어 최근에는 핵 무력 정책을 법제화하면서 대한민국의 생존과 번영을 위협하고 있습니다. 북한의 핵무기 개발과 고도화는 국제사회의 핵 비확산체제(NPT)에 대한 정면 도전입니다. 핵무기 개발은 북한 주민의 삶을 더욱 고통에 빠뜨릴 것입니다. 북한 정권은 이제라도 한반도의 진정한 평화와 공동번영을 위해 비핵화의 결단을 내려야 할 것입니다.

존경하는 국민 여러분, 사랑하는 국군 장병 여러분!

우리가 누리고 있는 자유, 인권, 법치라는 보편적 가치를 지키고 한반도와 동북아의 지속 가능한 평화와 번영을 이루기 위해서는 무엇보다 강력한 국방력이 뒷받침되어야 합니다. 우리 군은 확고한 군사대비태세를 유지하며 북한의 어떠한 도발과 위협에도 우리 국민의 생명과 재산을 지켜낼 것입니다. 북한이 핵무기 사용을 기도한다면 한미동맹과 우리 군의 결연하고 압도적인 대응에 직면하게 될 것입니다.

저와 바이든 대통령은 지난 5월 한미 정상회담과 이번 순방을 통해 한미 안보 동맹을 더욱 굳건히 하였습니다. 양국은 '확장억제전략협의체(EDSCG)'를 통해 미 전략자산의 적시 전개를 포함한 확장억제 실행력을 더욱 강화하였습니다. 이러한 노력의 일환으로 美 로널드 레이건 항공모함강습단과 한미 연합해상훈련을 실시했습니다. 앞으로 정부는 한미 연합훈련과 연습을 보다 강화하여 북한의 도발과 위협에 강력히 대응하는 '행동하는 동맹'을 구현해 나갈 것입니다.

또한, 북한의 핵과 미사일 위협을 압도하고 우리 국민의 생명과 안전을 지키기 위해 한국형 3축 체계를 조속히 완성하여 대북 정찰감시 능력과 타격 능력을 획기적으로 보강하겠습니다. 전략사령부를 창설하여 육·해·공군이 따로 운용해온 첨단전력을 통합하고, 우주, 사이버를 비롯한 새로운 영역에서의 안보 역량을 제고하겠습니다.

자랑스러운 국군 장병 여러분!

지금 대한민국은 그 어느 때보다 엄중하고 다층적인 안보 도전에 직면해 있습니다. 특히, 안보와 경제의 경계가 허물어지고 있으며, 또 인구구조의 변화로 병역자원은 감소하고 있습니다.

이러한 다양한 위기와 도전에 대응하기 위해서는 4차 산업혁명에 기반한 첨단 과학기술을 국방에 적극 활용해야 합니다.

우리 군은 국방혁신 4.0을 통해 국방태세를 재설계하여 안보 환경에 최적화된 과학기술 강군으로 도약해야 합니다. 과감한 규제 혁신으로 민간의 우수한 첨단과학 기술을 국방 전 분야에 접목하고, 인공지능 기반의 유·무인 복합체계를 구축하여 첨단·비대칭 전력을 신속하게 확보해야 합니다.

우리 군의 정신적 대비태세 또한 매우 중요합니다. 우리 장병 모두가 확고한 대적관과 엄정한 군기를 확립하고, 실전적 교육훈련을 통해 어떠한 위협에도 싸워 이길 수 있도록 국민의 군대, 강군의 면모를 다져 나가야 합니다.

정부는 군이 과감하게 국방혁신을 추진할 수 있도록 적극 지원하겠습니다.

특히, 나라를 위해 헌신하고 있는 우리 장병들이 만족할 수 있는 병영환경을 조성하기 위해 병사 봉급의 인상과 의식주의 획기적 향상, 그리고 간부들의 지휘 · 복무 여건 개선을 계속 추진해 나가겠습니다.

존경하는 국민 여러분, 자랑스러운 국군 장병 여러분, 그리고 이 자리에 함께해주신 내외 귀빈 여러분!

튼튼한 안보는 국민과 군이 함께 만들어 나가는 것입니다. 우리 군은 국민이 부여한 어떠한 임무에도 완수할 준비가 되어 있습니다. 국민 여러분께서 우리 군을 믿고 더 큰 지지와 성원을 보내주시기 바랍니다. 저 역시 국군통수권자로 우리 군을 깊이 신뢰하며, 제복 입은 영웅들이 존중받을 수 있도록 최선을 다하겠습니다. 국민 여러분과 함께 국가를 위해 희생하고 헌신한 분들이 명예와 존중으로 예우받을 수 있도록 더욱 힘써 나가겠습니다.

다시 한번 국군의 날을 축하드리며, 대한민국 국군 장병 여러분 모두에게 무한한 영광과 축복이 함께 하길 기원합니다.

감사합니다.

> "우리 정부는 재정 건전화를 추진하면서도
> 서민과 사회적 약자를 더욱 두텁게 지원하는
> '약자 복지'를 추구하고 있습니다."
>
> 2022.10.25. 2023년도 예산안 및 기금운용 계획안 대통령 시정연설문

존경하는 국민 여러분, 김진표 국회의장님과 의원 여러분

저는 오늘 새 정부의 첫 번째 예산안을 국민과 국회에 직접 설명드리고 국회의 협조를 부탁드리고자 5개월여 만에 다시 이 자리에 다시 섰습니다.

우리를 둘러싼 대내외 여건은 매우 어렵습니다.

전 세계적인 고물가, 고금리, 그리고 강달러의 추세 속에서 금융시장의 변동성은 커지고 경제의 불확실성은 높아졌습니다. 취약계층과 사회적 약자들이 입는 고통은 점점 커지고 있습니다. 재정건전성을 유지하면서 금융 안정성과 실물 경제 성장을 도모하는 나라와 그렇지 못한 나라 간의 국제신인도 격차가 확대되고 있습니다. 산업과 자원의 무기화, 그리고 공급망의 블록화라는 세계적인 흐름 속에서 가치를 공유하는 국가들과의 협력이 그 무엇보다 중요해졌습니다.

안보 현실 또한 매우 엄중합니다. 북한은 최근 유례없는 빈도로 탄도

미사일 발사를 비롯한 위협적인 도발을 계속하고 있습니다. 이는 유엔 안보리 결의에 대한 중대한 위반이자 국제사회에 대한 정면 도전입니다. 나아가 핵 선제 사용을 공개적으로 표명할 뿐 아니라 7차 핵 실험 준비도 이미 마무리한 것으로 판단됩니다. 우리 국민들이 안심하고 일상을 영위하실 수 있도록 한미 연합방위태세와 한미일 안보협력을 통해 압도적인 역량으로 대북 억제력을 강화할 것입니다.

북한이 비핵화의 결단을 내려 대화의 장으로 나온다면 이미 취임사와 8·15 경축사에서 밝혔듯이 우리 정부는 '담대한 구상'을 통한 정치·경제적 지원을 다할 것입니다.

경제와 안보의 엄중한 상황을 극복해 나가기 위해서는 여야가 따로 있을 수 없습니다. 국회의 협력이 절실합니다.

국민 여러분, 그리고 의원 여러분

저는 지난 7월부터 최근까지 10차례에 걸쳐 진행된 비상경제민생 회의를 통해 직접 민생 현안을 챙겼습니다.

물가 상승의 충격이 취약계층과 사회적 약자에게 전가되지 않도록 공공임대주택의 임대료 동결을 연장한 것을 비롯해서 연료비, 식료품비, 생필품비도 촘촘하게 지원하는 한편, 장바구니 물가도 챙겼습니다. 폭우와 재난으로 인한 피해복구와 지원에도 매진해서 서민들의 일상 회복에 최선을 다했습니다.

우리 경제의 버팀목인 수출 경쟁력을 강화하기 위해 역대 최대 규모인 351조 원의 무역금융을 공급하는 한편, 6조 원 규모의 안심 고정금리 특별대출과 50조 원을 상회하는 채권시장 등의 안정화 조치를 취해 중소기업을 살리기 위한 유동성 공급도 시행한 바 있습니다. 나아가 우리 경제의 미래 먹거리를 찾기 위한 산업의 고도화, 미래 전략산업의 육성에도 박차를 가하고 있습니다.

이번에 정부가 제출한 예산안에는 우리 정부가 글로벌 복합위기에 어떻게 대응할 것이며 어떻게 민생현안을 해결 할 것인지 그 총체적인 고민과 방안을 담았습니다.

지금 우리 재정 상황이 녹록지 않습니다. 그동안 정치적 목적이 앞선 방만한 재정 운용이 결국 재정수지 적자를 빠르게 확대시켰고, 나라 빚은 GDP의 절반 수준인 1,000조 원을 이미 넘어섰습니다. 세계적인 고금리와 금융 불안정 상황에서 국가 재정의 건전한 관리와 국제신인도 확보가 그 무엇보다 중요합니다. 뿐만 아니라 경제 성장과 약자 복지의 지속 가능한 선순환을 위해서는 국가재정이 건전하게 버텨주는 것이 매우 중요합니다.

정부는 지난 7월의 국가재정전략회의를 통해 건전재정 기조로 내년 예산안을 편성하기로 확정한 바 있습니다. 내년도 총지출 규모는 639조 원으로 2010년 이후 처음으로 전년 대비 예산을 축소 편성했습니다. 정부는 역대 최대 규모인 24조 원의 지출 구조조정을 단행한 결과 재정수지는 큰 폭으로 개선되고, 국가채무 비율도 49.8%로 지난 3년간의 가파른 증가세가 반전돼서 건전재정의 전환점이 됐습니다.

공공부문부터 솔선하여 허리띠를 바짝 졸라맸고, 이렇게 절감한 재원은 서민과 사회적 약자 보호, 민간 주도의 역동적 경제 지원, 국민 안전과 글로벌 리더 국가로서의 책임 강화에 투입하고자 합니다.

사랑하는 국민 여러분, 그리고 존경하는 의원 여러분, 그리고 이 자리에 함께해주신 대법원장님, 헌법재판소장님, 선거관리위원장님, 그리고 감사원장님

경제가 어려울수록 더 큰 어려움을 겪는 사회적 약자를 보호하는 것은 국가의 기본적 책무입니다. 우리 정부는 재정 건전화를 추진하면서도 서민과 사회적 약자들을 더욱 두텁게 지원하는 약자 복지'를 추구하고 있습니다.

기준 중위소득을 역대 최대폭으로 조정해서 4인 가구 기준 생계급여 최대 지급액을 인상함으로써 기초생활보장 지원에 18조 7천억 원을 반영했습니다. 저임금 근로자, 특수형태 근로종사자, 그리고 예술인들의 사회보험 지원 대상을 확대하여 27만 8천 명을 추가 지원할 것입니다. 근로환경이 열악한 50인 미만의 소규모 사업장 7천 여 곳에 휴게시설 설치 등 근로환경 개선을 획기적으로 실행할 것입니다.

아울러, 장애인과 한부모 가족에 대한 맞춤형 지원도 강화할 것입니다. 장애 수당을 8년 만에 처음으로 인상하고, 발달장애인에 대한 돌봄 시간을 하루 8시간까지 확대함과 아울러 장애인 고용 장려금도 인상할 것입니다. 또한, 중증장애인의 콜택시 이용 지원을 확대하고 저상버스도 2천 대를 추가 확충하는 등 장애인의 이동권을 최대한 보장하겠습니다. 한부모 자녀 양육 지원 대상을 현재의 중위소득 52%에서

60%까지 대폭 확대하겠습니다.

올해 폭우 피해에서 드러났듯이 반지하·쪽방 거주자들의 피해가 많았습니다. 이분들께서 보다 안전한 주거환경으로 이주하실 수 있도록 보증금 무이자 대출을 신설하고, 민간임대주택으로 이주할 경우 최대 5,000만 원까지 지원할 것입니다.

또한, 전세 사기의 피해자에 대한 신속한 보호를 위해 최대 1억 6천만 원 한도의 긴급대출 지원도 신설하였습니다.

우리 청년들에게는 '청년 원가 주택'과 '역세권 첫 집' 5만 4천 호를 신규 공급하고, 청년들의 중장기 자산 형성을 지원하기 위해 청년도약계좌를 새로 도입하는 한편, '청년 내일 저축계좌' 지원 대상 인원을 확대하겠습니다.

어르신들께는 기초연금을 인상하고, 양질의 민간·사회 서비스형 일자리를 확대해서 안정적인 노후생활을 지원하겠습니다.

물가 상승으로 인한 서민들의 필수 생계비와 장바구니 부담을 덜어드리기 위한 예산도 적극 반영하였습니다. 우선, 에너지 바우처 지원을 확대하고, 농·축·수산물 할인 쿠폰 규모를 금년도의 590억 원에서 1,690억 원으로 약 3배 확대했습니다.

밀, 수산물 등 주요 농·축·수산물의 비축을 확대해서 수급 불안에 선제적으로 대응하는 한편, 중·소농의 공익직불금 지급 확대, 비료, 사료 등의 구매자금 지원을 통해 농가 생산비 부담도 경감하겠습니다.

아울러, 지방소멸 대응 특별 양여금을 1조 원으로 확대하고, 국가균형발전특별회계 투자 규모를 지역 수요가 높은 현장 밀착형 자율사업을 중심으로 대폭 확대하여 지역 주도로 성장 동력을 찾을 수 있도록 돕겠습니다.

첨단전략산업과 과학기술을 육성하고 중소·벤처 기업을 지원함으로써 새로운 성장기반을 구축하겠습니다.

먼저, 메모리 반도체의 초격차 유지와 시스템 반도체의 경쟁력 확보를 위해 전문 인력양성과 연구개발, 인프라 구축 등에 총 1조 원 이상을 집중 투자하겠습니다. 또 무너진 원자력 생태계 복원이 시급합니다. 원전 수출을 적극 지원하고, 소형모듈원자로(SMR), 원전 해체기술 개발 등 차세대 기술의 연구개발을 지원하겠습니다. 양자 컴퓨팅, 우주 항공, 인공지능, 첨단바이오 등 핵심 전략기술과 미래 기술시장 선점을 위해 총 4조 9천억 원의 R&D 투자를 지원하겠습니다. 민간투자 주도형 창업지원을 통해 벤처 기업과 스타트업에 대한 지원을 확대하고, 중소기업의 스마트화 지원과 연구개발 등 혁신사업에도 3조 6천억 원을 투입하겠습니다.

소상공인들이 코로나 여파에서 완전히 벗어나 다시 뛸 수 있도록 채무조정과 재기 지원 등에 재정을 추가 투입할 것입니다.그리고 청년 농업인에 대한 영농정착지원금, 맞춤형 농지와 금융지원 등을 패키지로 제공해서 농업혁신을 주도할 수 있도록 돕겠습니다.

국민편의와 미래 산업기반인 교통혁신도 이뤄내겠습니다. 수도권 GTX는 기존 노선의 적기 완공과 신규 노선 계획에 총 6,730억 원을 투자하고, 도심항공교통(UAM), 개인형 이동수단(PM) 등 미래교통수단의 조기 상용화를 위해 실증 실험시설, 환승센터 구축, 이런 것을 비롯한 기술 혁신기반을 조성하겠습니다.

또 홍수·가뭄 등 자연재해에 대비하기 위해 대심도 빗물 저류 터널 3개소 설치를 지원하고 스마트 예보 시스템 구축 등 재해예방 체계도 강화하겠습니다. 또 보행자 교통안전을 위한 횡단보도 조명 등 시설 개선, 어린이 보호구역 무인 단속 장비 확대 등을 통해 생활 속 안전도 꼼꼼하게 챙겨가겠습니다.

튼튼한 국방력과 일류 보훈, 장병의 사기진작을 통해 누구도 넘볼 수 없는 강력한 국가를 만들겠습니다.

안보 위협에 대응하여 현무 미사일, F-35A, 패트리어트의 성능 개량, 장사정포 요격체계 등 한국형 3축 체계 고도화에 5조 3천억 원을 투입하고, 로봇, 드론 등 유·무인 복합 무기체계 전환을 위한 투자, 그리고 군 정찰위성 개발, 사이버전 등 미래전장 대비 전력 확충을 위한 투자도 확대하겠습니다.

국가를 위한 헌신에 존중과 예우를 하는 것은 강한 국방력의 근간입니다.

국민과 장병의 눈높이에 맞도록 병영 환경을 개선하고, 사병 봉급을 2025년 205만 원을 목표로 현재 82만 원을 내년에 130만 원까지 인상해서 병역의무 이행에 대한 합리적 보상이 매년 단계적으로 이루어지도록 하겠습니다. 아울러, 보훈 급여를 2008년 이후 최대폭으로 인상하고, 참전 명예 수당도 임기 내 역대 정부 최대 폭으로 인상할 것입니다.

격화되는 경제 블록화 물결에 대비하여 경제 안보 역량을 강화해야 합니다. 공급망 위기에 대응하기 위해 해외 자원개발 투자를 확대하고, 니켈, 알루미늄 등 광물 비축, 그리고 수입선 다변화 추진을 위해 총 3조 2천억 원을 투자할 것입니다.

UN 연설에서도 밝혔듯이 국제사회에 책임 있게 기여하지 않고서는 우리의 국익도 제대로 지켜내기 어려운 것이 엄연한 현실입니다. 정부는 글로벌 리더 국가로서의 책임과 역할을 다하기 위해 공적개발원조(ODA)를 4조 5천억 원으로 대폭 확대하였습니다. 이를 통해 해외 긴급구호 지원과 저개발국과 개도국을 대상으로 원조를 확대할 것이며, 글로벌 보건 안보와 백신 개발 지원에 주도적 역할을 수행해 나가겠습니다.

존경하는 국민 여러분, 김진표 국회의장님과 의원 여러분, 대법원장님, 헌법재판소장님, 선거관리위원장님, 그리고 감사원장님

예산안은 우리 대한민국이 나아가야 할 방향을 담은 지도이고 국정 운영의 설계도입니다. 정부가 치열한 고민 끝에 내놓은 예산안은 국회와 함께 머리를 맞댈 때 완성될 수 있을 것입니다. 지난해 5월 코로나 피해 자영업자, 소상공인 지원 추경도 국회의 초당적 협력으로 무사히 확정 지을 수 있었습니다.

우리 경제를 둘러싼 불확실성이 지속되고 있는 시기에 국회에서 법

정기한 내 예산안을 확정해서 어려운 민생에 숨통을 틔워주시고, 미래 성장을 뒷받침해 주시길 기대합니다.

　감사합니다.

> "대한민국의 미래와 미래 세대의 운명이 달린
> 노동, 교육, 연금 3대 개혁을 더 이상 미룰 수 없습니다."
>
> 2023.1.1. 2023년 윤석열 대통령 신년사

　존경하고 사랑하는 국민 여러분, 해외 동포 여러분
2023년 희망찬 새해가 밝았습니다. 새해 복 많이 받으십시오.

　지난해 세계 경제의 복합위기와 불확실성 속에서 나라 안팎으로 녹록지 않았습니다만 국민 여러분의 땀과 의지로 극복해 나갈 수 있었습니다.

　글로벌 공급망 교란으로 인한 원자재 가격의 급등과 물가 상승에 대해 세계 각국은 금리 인상 정책으로 대응해 왔습니다. 올해 세계 경제는 그 어느 때보다 경기침체의 가능성이 큽니다.

　세계 경기침체의 여파가 우리 실물경제의 둔화로 이어질 수 있는 엄중한 경제 상황을 면밀하게 점검해 나가겠습니다. 물가 상승을 억제하기 위해 실시하는 불가피한 금리 인상의 조치가 우리 가계와 기업의 과도한 채무 부담으로 확대되지 않도록 선제적으로 관리해 나아가겠습니다.

복합의 위기를 수출로 돌파해야 합니다. 수출은 우리 경제의 근간이고 일자리의 원천입니다. 그러나 WTO 체제가 약화되고 보호주의가 강화되는 과정에서 안보, 경제, 기술협력 등이 패키지로 운영되고 있습니다. 우리의 수출전략은 과거와는 달라져야 합니다.

자유, 인권, 법치라는 보편적 가치를 공유하는 나라들이 경제와 산업을 통해 연대하고 있으며, 보편적 가치를 기반으로 한 연대는 지금의 외교적 현실에서 가장 전략적인 선택입니다. 모든 외교의 중심을 경제에 놓고, 수출전략을 직접 챙기겠습니다.

'해외 수주 500억 불 프로젝트'를 가동하고, 인프라 건설, 원전, 방산 분야를 새로운 수출 동력으로 육성할 것입니다. 무역금융을 역대 최대 규모인 360조 원으로 확대하고, 대한민국의 수출 영토를 전 세계로 확대해 나가기 위해 모든 정책 역량을 총동원하겠습니다.

세계사를 돌아보면 위기와 도전이 세계 경제를 휘몰아칠 때 혁신을 통해 새로운 기술과 산업을 발굴한 나라가 양질의 일자리를 창출하고, 지속 가능한 성장을 이룰 수 있었습니다. '기업가 정신'을 가진 미래세대가 새로운 기술과 산업에 도전하고 그 도전이 꽃피울 수 있도록 모든 지원을 아끼지 않겠습니다.

IT와 바이오산업뿐 아니라 방산과 원자력, 탄소 중립과 엔터테인먼트까지 '스타트업 코리아'의 시대를 열겠습니다. 미래 전략기술에 대한 투자 역시 선제적이고 과감하게 하겠습니다.

지난 6월, 누리호 발사의 성공을 시작으로 미래세대에게 무한한 기회를 여는 우주 경제 시대의 막이 올랐습니다. 어려운 재정 여건 속에서도 처음으로 정부의 R&D 투자는 30조 원의 시대를 열었습니다. 새로운 미래 전략기술은 우리 산업의 경쟁력을 더욱 튼튼하게 할 것입니다. 우주항공, 인공지능, 첨단바이오 등 핵심 전략기술과 미래 기술시장 선점을 위한 지원에 한 치의 소홀함이 없도록 챙기겠습니다.

존경하는 국민 여러분,

기득권 유지와 지대 추구에 매몰된 나라에는 미래가 없습니다. 대한민국의 미래와 미래세대의 운명이 달린 노동, 교육, 연금 3대 개혁을 더 이상 미룰 수 없습니다.

가장 먼저, 노동 개혁을 통해 우리 경제의 성장을 견인해 나가야 합니다. 변화하는 수요에 맞춰 노동시장을 유연하게 바꾸면서 노사 및 노노(勞勞) 관계의 공정성을 확립하고 근로 현장의 안전을 개선하기 위해 모든 노력을 다하겠습니다.

노동시장의 이중구조를 개선해야 합니다. 직무 중심, 성과급 중심의 전환을 추진하는 기업과 귀족 강성 노조와 타협해 연공 서열 시스템에 매몰되는 기업에 대한 정부의 지원 역시 차별화되어야 합니다.

이러한 노동 개혁의 출발점은 '노사 법치주의'입니다. '노사 법치주의'야말로 불필요한 쟁의와 갈등을 예방하고 진정으로 노동의 가치를 존중할 수 있는 길입니다.

세계 각국은 변화하는 기술, 폭발하는 인력 수요에 대응하고자 교육 개혁에 사활을 걸고 있습니다.

우리나라의 경쟁력과 직결되는 고등 교육에 대한 권한을 지역으로 과감하게 넘기고, 그 지역의 산업과 연계해 나갈 수 있도록 지원하겠습니다. 이러한 교육개혁 없이는 지역 균형발전을 이뤄내기 어렵습니다. 또, 지역 균형발전은 저출산 문제 해결의 지름길입니다. 자라나는 미래세대가 원하는 교육을 받을 수 있도록 교육 과정을 다양화하고, 누구나 공정한 기회를 누릴 수 있도록 하겠습니다.

연금개혁 역시 중요합니다. 눈덩이처럼 불어나는 연금 재정의 적자를 해결하지 못하면 연금제도의 지속 가능성을 지키기 어렵습니다. 장담할 수 없습니다. 연금개혁에 성공한 나라의 공통점은 이에 대한 사회적 합의를 목표로 오랜 시간에 걸쳐 연구하고 논의해서 결론에 도달한 것입니다. 연금재정에 관한 과학적 조사·연구, 국민 의견 수렴과 공론화 작업을 속도감 있게 추진하여 국회에 개혁안을 제출하겠습니다.

사랑하는 국민 여러분,

지금의 위기와 도전은 우리의 대한민국이 어떤 나라인지 묻고 있습니다. 우리는 잘못을 보면 바로 잡으려 했고 옳지 않은 길을 가면 멈춰 섰으며 넘어지면 스스로의 힘으로 일어서려고 했습니다. 강한 의지로 변화와 혁신을 추진해 왔습니다. 기득권의 집착은 집요하고 기득권과의 타협은 쉽고 편한 길이지만 우리는 결코 작은 바다에 만족한 적이 없습니다.

자유는 우리에게 더 많은 기회를 연대는 우리에게 더 큰 미래를 선사할 것입니다.

국민 여러분께서 제게 부여한 사명을 늘 잊지 않고, 위대한 국민 여러분과 함께 새로운 도약을 반드시 이뤄내겠습니다.

2023년 새해, 자유가 살아 숨 쉬고, 기회가 활짝 열리는 더 큰 바다를 향해 나아갑시다.

감사합니다.

> "여러분, 혁신을 통해 비약적인 성장을 이룬 나라를 보십시오.
> 자유와 창의가 존중되고 공정한 기회가 보장되는 곳에서
> 혁신이 탄생했습니다."

무엇인가를 성취하는 것만큼 의미 있고, 영광스러운 일은 없습니다. 거기에는 좌절, 도전, 용기, 이 모든 것이 담겨있기 때문입니다. 지금 이 자리에 계신 졸업생 여러분은 마침내 그 일을 해냈습니다. 여러분의 성취를 진심으로 축하드립니다. 그리고 여러분의 성취를 도와주신 부모님과 가족들, 서승환 총장님과 교수님들께 축하와 감사를 드립니다.

이 자리에서 여러분의 성취를 축하하게 된 것은 제 개인적으로도 큰 영광입니다. 연세의 교정은 제게 남다른 의미가 있습니다. 아버지의 연구실에서 방학 숙제를 하고 수학 문제도 풀었습니다. 또, 아름다운 연세의 교정에서 고민과 사색에 흠뻑 빠졌고 많은 연세인들과 각별한 우정을 나누었습니다.

'진리가 너희를 자유케 하리라'는 연세 정신은 시대를 밝혀주는 등불이었고 우리 역사의 고비마다 연세인들은 큰 역할을 담당해왔습니다.

여러분, 저는 그동안 국정운영과 국제관계에 있어 자유, 인권, 법치

라는 보편적 가치를 강조하고, 이를 공유하는 국가 간 연대와 협력의 중요성을 역설해왔습니다. 저는 이 보편적 가치의 공유와 실천에 우리 미래가 달려있다고 생각합니다.

여러분, 혁신을 통해 비약적인 성장을 이룬 나라를 보십시오. 자유와 창의가 존중되고 공정한 기회가 보장되는 곳에서 혁신이 탄생했습니다. 보편적 가치를 공유하는 국가들의 연대와 국제 협력에서 혁신이 탄생했습니다. 또, 정부와 민간 각 분야 지도자들의 전략적 리더십이 돋보이는 곳에서 혁신이 탄생했습니다.

저는 오늘 졸업하는 연세인 여러분이 앞으로 우리 사회 각 분야에서 혁신을 이끌 리더가 될 것이라고 확신합니다.

경제학자 스탠리 피셔는 "하나의 모범 사례가 1,000개의 이론만큼 가치가 있다"고 했습니다. 우리보다 앞서간 나라들의 혁신 사례를 치밀하게 연구하고 실천해야 합니다. 우리 제도를 혁신 선진국들의 글로벌 스탠더드에 맞춰야 합니다.

그런데 더 중요한 점은 혁신은 머리로만 하는 것이 아니라는 사실입니다. 기득권 카르텔을 깨고 더 자유롭고 공정한 시스템을 만들고 함께 실천할 때
혁신은 이뤄지는 것입니다.

혁신에는 기득권의 저항이 따르게 돼 있습니다. 우리가 이를 극복할 의지와 용기를 가지고 있을 때 혁신을 실천할 수 있는 것입니다.

자유와 공정을 담보하는 법이 짓밟히고 과학과 진리에 위배되는 반지성주의가 판치고 기득권 카르텔의 부당한 지대추구가 방치된다면 어떻게 혁신을 기대하고 미래를 이야기할 수 있겠습니까

졸업생 여러분은 우리나라의 미래입니다. 여러분 각자의 미래가 곧 나라의 미래입니다. 저와 정부는 여러분이 미래를 꿈꾸고 이야기할 수 있도록 우리 사회를 더 자유롭고 공정하게 바꾸고 개혁하기 위해 최선을 다할 것입니다.

산업현장의 노사법치 확립, 공정하고 유연한 노동시장 조성, 교육과 돌봄의 국가 책임 강화, 더욱 공정하고 다양한 교육 기회 보장, 첨단 과학기술 인재 양성, 공정하고 지속 가능한 연금 시스템 추진 등 노동, 교육, 연금의 3대 개혁은 우리 사회를 더욱 활기차게 하고 여러분의 꿈과 도전에 용기와 희망을 불어넣어 주기 위한 것입니다.

자랑스러운 졸업생 여러분,

미래는 여러분이 던지는 질문들에 달려있습니다. 질문의 수준이 곧 생각의 수준이라고 합니다. 생각이란 곧 질문하고 답하는 과정이기 때문입니다. 어떻게 하면 더 나은 미래를 꿈꾸고 도전할 것인지 질문하십시오. 국가는 여러분이 자유롭게, 멋진 꿈을 펼쳐나갈 수 있도록 뒷받침할 만반의 준비를 해 나가겠습니다. 우리나라의 눈부신 성장과 새로운 도약이 여러분으로부터 시작된다는 점을 잊지 말아 주시길 바랍니다.

아울러 우리 사회의 약자에 대한 따뜻한 배려, 세계시민의 자유와 인

권을 지키기 위한 우리의 책임 있는 기여가 여러분의 꿈과 도전, 그리고 미래를 더욱 풍요롭게 한다는 점도 기억해주시길 바랍니다.

졸업생 여러분

여러분이 지금 입고 있는 졸업 가운을 벗고 교정을 떠나면 여러분의 앞에 많은 어려움이 기다리고 있을 것입니다. 그러나 절대 좌절하거나 무릎 꿇지 마십시오. 여러분은 해낼 수 있습니다. 여러분은 해낼 것입니다. 여러분은 우리 미래이기 때문입니다. 여러분에게는 젊음의 패기가 있기 때문입니다.

저는 여러분의 꿈과 도전, 그리고 용기와 패기를 강력히 지지하고 응원합니다.

감사합니다.

> **"104년 전 3·1 만세운동은
> 기미독립선언서와 임시정부 헌장에서 보는 바와 같이
> 국민이 주인인 나라, 자유로운 민주국가를 세우기 위한
> 독립운동이었습니다."**
>
> 2023.3.1. 제104주년 3·1절 기념사

존경하는 국민 여러분, 750만 재외동포와 독립유공자 여러분, 오늘 백네 번째 3.1절을 맞이했습니다.

먼저, 조국의 자유와 독립을 위해 희생하고 헌신하신 순국선열과 애국지사들께 경의를 표합니다. 독립유공자와 유가족 여러분께 진심으로 감사의 말씀을 드립니다.

104년 전 3.1 만세운동은 기미독립선언서와 임시정부 헌장에서 보는 바와 같이 국민이 주인인 나라, 자유로운 민주국가를 세우기 위한 독립운동이었습니다. 새로운 변화를 갈망했던 우리가 어떠한 세상을 염원하는지를 보여주는 역사적인 날이었습니다.

그로부터 104년이 지난 오늘 우리는 세계사의 변화에 제대로 준비하지 못해 국권을 상실하고 고통 받았던 우리의 과거를 되돌아봐야 합니다.

지금 세계적인 복합 위기, 북핵 위협을 비롯한 엄혹한 안보 상황, 그

리고 우리 사회의 분절과 양극화의 위기를 어떻게 타개해 나갈 것인지 생각해 봐야 합니다.

우리가 변화하는 세계사의 흐름을 제대로 읽지 못하고 미래를 준비하지 못한다면 과거의 불행이 반복될 것이 자명합니다.

아울러 우리는 그 누구도 자기 당대에 독립을 상상하기도 어려웠던 시절에, 그 칠흑같이 어두운 시절에, 조국의 자유와 독립을 위해 자신이 가진 모든 것을 던진 선열들을 반드시 기억해야 합니다. 조국이 어려울 때 조국을 위해 헌신한 선열을 제대로 기억하지 못한다면 우리에게 미래는 없습니다.

존경하는 국민 여러분,

3.1운동 이후 한 세기가 지난 지금 일본은 과거 군국주의 침략자에서 우리와 보편적 가치를 공유하고 안보와 경제, 그리고 글로벌 어젠다에서 협력하는 파트너가 되었습니다. 특히, 복합 위기와 심각한 북핵 위협 등 안보 위기를 극복하기 위한 한미일 3자 협력이 그 어느 때보다 중요해졌습니다.

우리는 보편적 가치를 공유하는 국가들과 연대하고 협력해서 우리와 세계시민의 자유 확대와 공동 번영에 책임 있는 기여를 해야 합니다. 이것은 104년 전, 조국의 자유와 독립을 외친 우리 선열들의 그 정신과 결코 다르지 않습니다.

국민 여러분,

우리가 이룩한 지금의 번영은 자유를 지키고 확대하기 위한 끊임없는 노력과 보편적 가치에 대한 믿음의 결과였습니다. 그 노력을 한시도 멈춰서는 안 될 것입니다. 그것이 조국의 자유와 독립을 위해 희생하고 헌신하신 선열에게 제대로 보답하는 길입니다.

영광의 역사든, 부끄럽고 슬픈 역사든 역사는 잊지 말아야 합니다. 반드시 기억해야 합니다. 우리가 우리의 미래를 지키고 준비하기 위해서입니다.

우리는 조국을 위해 헌신한 선열을 기억하고 우리 역사의 불행한 과거를 되새기는 한편, 미래 번영을 위해 할 일을 생각해야 하는 날이 바로 오늘입니다.

존경하는 국민 여러분,

우리 모두 기미독립선언의 정신을 계승해서 자유, 평화, 번영의 미래를 함께 만들어 갑시다.

감사합니다, 여러분.

> "세금의 역사는 자유민주주의의 역사입니다.
> 국가는 개인의 자유와 창의, 그리고 재산권을 최대한 보장하고,
> 개인은 법률이 정한 납세를 통해 사회에 대한 책임을
> 다하는 것이 민주주의의 시작이라 할 수 있는
> '마그나 카르타-Magna Carta' 정신이고,
> 대한민국 헌법이 정한 자유민주주의, 시장경제의 정신입니다."
>
> 2023.3.3. 제57회 납세자의 날 기념식 축사

세금의 역사는 자유민주주의의 역사입니다.

국가는 개인의 자유와 창의, 그리고 재산권을 최대한 보장하고, 개인은 법률이 정한 납세를 통해 사회에 대한 책임을 다하는 것이 민주주의의 시작이라 할 수 있는 '마그나 카르타' 정신이고, 대한민국 헌법이 정한 자유민주주의, 시장경제의 정신입니다. 정부는 조세제도에 있어서도 이러한 헌법적 가치를 확실히 지켜나갈 것입니다.

조세제도를 법률이 정하는 바에 따라 투명하고 공정하게 운영하겠습니다. 과거의 부동산 세제와 같이 정치와 이념에 사로잡혀 무리한 과세로 국민을 힘들게 하고, 재산권을 과도하게 침해하지 않겠습니다. 이의신청, 심사청구, 심판청구 등 조세 불복 절차는 국민의 권리구제를 위해 최대한 신속히 처리하겠습니다. 이를 통해 헌법이 보장하는 '조세 법률주의'가 형식이 아니라 실질적으로 구현되도록 하겠습니다.

또 국가재정이 아무리 어렵다 하더라도 자영업자, 소상공인 등 세무 전문가의 조력을 받아 조세 불복을 하기 현실적으로 어려운 분들에게 무리한 과세로 힘들게 하지 않을 것입니다.

국민 여러분의 세금은 단 1원도 낭비하지 않고 꼭 필요한 분야에 집중적으로 쓰겠습니다.

우선, 국민의 재산과 안전을 보호하는 국방, 치안, 사법, 행정서비스 등
국가의 본질 기능을 충실히 수행하는 데 여러분의 세금을 쓰겠습니다. 그다음으로 인간의 존엄과 가치라는 헌법정신을 실현하기 위해 취약계층, 사회적 약자를 두텁게 지원하는 데 국민 여러분의 세금을 쓰겠습니다. 정치 진영을 확보하고 표를 얻기 위한 포퓰리즘적 '정치복지'를 지양하고, 취약계층과 약자를 두텁게 지원하는 '약자복지'를 실천하겠습니다. 마지막으로 시시각각 변화하는 통상, 기술, 산업 환경에서 국민들과 청년 세대에게 지속적이며 소득이 높은 양질의 일자리를 만들어 드리는 데 국민 여러분의 귀한 세금을 쓰겠습니다. 첨단 과학기술 혁신을 통해 국제경쟁력을 높이고 수출 확대, 스타트업 육성을 위해 성과를 창출할 수 있는 곳에 효과적으로 여러분의 세금을 쓰겠습니다. 본래의 공익 목적에서 벗어나 불법을 일삼거나 국익을 해치는 정치 집단화한 단체에게는 국민의 혈세를 단 한 푼도 쓰지 않을 것입니다. 국민의 혈세는 꼭 필요한 곳에 효과적으로 소중하게 쓰겠습니다.

오늘 성실하고 모범적으로 세금을 납부해 주신 분들에 대해 포상하였습니다. 납세는 자유와 연대의 출발점입니다. 오늘 포상을 받으신

분을 비롯해서

성실하게 납세의 책임을 이행해 주신 국민 여러분께 깊이 감사드립니다.

또한 무엇보다 가장 성실한 납세 계층은 임금 근로자 여러분입니다. 원천징수를 받는 우리나라의 많은 임금 근로자 여러분께 국가 재정 기여에 대해서 다시 한 번 깊이 감사드립니다.

우리 정부는 국민들께서 내는 세금이 아깝지 않은 나라, 또 그럼으로써 납세가 자랑스러운 나라를 만들기 위해 최선을 다하겠습니다.

감사합니다.

> "올해는 과거를 직시하고 상호 이해와 신뢰에 기초한
> 관계를 발전시키고자 1998년 발표된
> '김대중-오부치 공동선언' 25주년이 되는 해입니다.
> 이번 회담은 김대중-오부치 공동선언의 정신을 발전적으로
> 계승하여 양국 간 불행한 역사를 극복하고,
> '한일 간 협력의 새 시대'를 여는 첫걸음이 되었습니다."
>
> 2023.3.16. 한-일 공동 기자 회견문

먼저 우리 일행을 따뜻하게 환대해 주신 기시다 총리대신과 일본 국민 여러분께 감사드립니다. 또한 오늘 한국 대통령으로서 일본을 12년 만에 양자 방문하여 한일 정상회담을 갖게 되어 매우 기쁘게 생각합니다.

취임 당시의 한일관계를 생각해 보면 오늘 기시다 총리와 함께 정상회담 결과를 설명 드리는 의미가 각별하다고 하겠습니다.

한국과 일본은 자유, 인권, 법치의 보편적 가치를 공유하고, 안보, 경제, 글로벌 어젠다에서 공동의 이익을 추구하는 가장 가까운 이웃이자 협력해야 할 파트너입니다.

오늘 회담에서 저와 기시다 총리는 그간 얼어붙은 양국관계로 인해 양국 국민들께서 직간접적으로 피해를 입어왔다는 데 공감하고, 한일관계를 조속히 회복 발전시켜 나가자는 데 뜻을 같이하였습니다.

양국의 미래를 함께 준비하자는 국민적 공감대에 따라 안보, 경제, 인적·문화 교류 등 다양한 분야에서의 협력을 증진시키기 위한 논의를 더욱 가속화하기로 했습니다. 양국의 풍요로운 미래를 준비하기 위해 경제 안보와 첨단 과학뿐만 아니라 금융·외환 분야에서도 머리를 맞대고 함께 고민해 나가기로 하였습니다.

이를 위하여 외교, 경제 당국 간 전략대화를 비롯해 양국의 공동 이익을 논의하는 협의체들을 조속히 복원하기로 합의했습니다. 앞으로 NSC 차원의 한일 경제안보대화 출범을 포함하여 다양한 협의체와 소통을 이어나가기를 기대하겠습니다.

우리 두 정상은 양국 정부가 긴밀히 소통하고 머리를 맞댄 결과, 우리 정부의 강제징용 해법 발표를 계기로 양국이 미래지향적 발전 방향을 이제부터 본격적으로 논의할 수 있는 토대가 마련됐다고 평가하였습니다.

오늘 일본은 3개 품목 수출규제 조치를 해제하고 한국은 WTO 제소를 철회하였습니다. 소위 화이트리스트 조치에 대해서도 조속한 원상회복을 위해 긴밀한 대화를 이어가기로 하였습니다.

한편, 미래세대가 교류하며 상호 이해를 심화할 수 있도록 양국 정부가 지원하는 방안을 적극적으로 찾아야 한다는 점에도 서로의 생각이 일치했습니다.

이런 차원에서 오늘 양국 경제계는 「한일 미래 파트너십 기금」을 설립하기로 합의하였습니다. 이번 기금의 설립이 양국의 미래지향적 협력을 위한 의미 있는 교류와 협력으로 이어질 수 있도록 준비하고 지원해 주시기를 당부 드립니다.

오늘 아침 북한은 안보리 결의를 위반하여 또 다시 장거리 탄도 미사일을 발사하였습니다. 조금 전 회담에서도 기시다 총리와 심도 있는 의견을 교환했습니다. 저와 기시다 총리는북한의 핵·미사일 개발이 한반도와 동북아, 그리고 세계 평화를 위협한다는 데 인식을 같이했습니다. 또한 날로 고도화 되고 있는 북핵, 미사일 위협에 대응하기 위해 한미일, 한일 공조가 매우 중요하며, 앞으로 적극 협력해 나가자는 데 의견이 일치하였습니다.

한국의 「자유, 평화, 번영의 인도태평양전략」과 일본의 「자유롭고 열린 인도태평양」의 추진 과정에서도 국제사회와 함께 긴밀히 연대하고 협력해 나갈 것입니다.

아울러, 자유, 인권, 법치라는 보편적 가치에 기반한 국제질서가 세계의 평화와 번영을 이뤄온 만큼 이를 지켜나가는 데 함께 힘을 모으기로 했습니다.

올해는 과거를 직시하고 상호 이해와 신뢰에 기초한 관계를 발전시키고자 1998년 발표된「김대중-오부치 공동선언」이 25주년이 되는 해입니다. 이번 회담은 김대중-오부치 공동선언의 정신을 발전적으로 계승하여 양국 간 불행한 역사를 극복하고, '한일 간 협력의 새 시대'를 여는 첫걸음이 되었습니다. 앞으로도 우리 두 정상은 형식에 구애받지 않고, 필요하면 수시로 만나는 셔틀 외교를 통해 적극적으로 소통하고 협력해 나갈 것입니다.

감사합니다.

> "만약 우리가 현재와 과거를 서로 경쟁시킨다면
> 반드시 미래를 놓치게 될 것이다. …(중략)…
> 과거는 직시하고 기억해야 합니다.
> 그러나 과거에 발목이 잡혀서는 안 됩니다."
>
> 2023.3.21. 제12회 국무회의 윤석열 대통령 모두 발언

"만약 우리가 현재와 과거를 서로 경쟁시킨다면, 반드시 미래를 놓치게 될 것이다"

자유에 대한 강한 열망과 불굴의 리더십으로 2차 대전을 승리로 이끈 영국 수상 윈스턴 처칠의 말입니다.

과거는 직시하고 기억해야 됩니다. 그러나 과거에 발목이 잡혀서는 안 됩니다.

그동안 한일관계는 악화 일로를 걸어왔습니다. 양국 정부 간 대화가 단절되었고, 한일관계는 파국 일보 직전에서 방치되었습니다.

2011년 12월 마지막 한일 정상회담이 열린 뒤, 2015년 위안부 합의로 일본 정부가 2016년 출연한 '화해치유재단'도 불과 2년 만에 해체되었습니다. 2018년 대법원의 강제징용 사건 판결은 2019년 일본의 반도체 소재 수출 규제, 화이트리스트 한국 배제 등 경제보복으로 이어졌으며, 우리도 일본을 WTO(세계무역기구)에 제소하고 우리 화

이트리스트에서 일본을 배제하는 등 역사 갈등이 경제 갈등으로 확산되었습니다. 또한, 우리는 일본과 2016년 지소미아를 체결하였다가 2019년 8월 GSOMIA의 종료를 발표하고, 석 달 뒤 다시 이를 보류하는 등 한일안보 협력마저 파행을 겪었습니다.

저는 작년 5월 대통령 취임 이후, 존재마저 불투명해져 버린 한일관계의 정상화 방안을 고민해 왔습니다. 마치 출구가 없는 미로 속에 갇힌 기분이었습니다. 그렇지만 손을 놓고 마냥 지켜볼 수만은 없었습니다. 날로 치열해지는 미·중 전략경쟁, 글로벌 공급망의 위기, 북핵 위협의 고도화 등 우리를 둘러싼 복합위기 속에서 한일협력의 필요성은 더욱 커졌기 때문입니다.

한일 양국은 역사적으로나 문화적으로나 가장 가깝게 교류해 온 숙명의 이웃 관계입니다. 독일과 프랑스도 양차 세계대전을 통해 수많은 인명을 희생시키면서 적으로 맞서다가 전후에 전격적으로 화해하고, 이제는 유럽에서 가장 가깝게 협력하는 이웃이 됐습니다. 한일관계도 이제 과거를 넘어서야 합니다.

친구 관계에서 서먹서먹한 일이 생기더라도 관계를 단절하지 않고 계속 만나 소통하고 얘기하면 오해가 풀리고 관계가 복원되듯이 한일관계도 마찬가지입니다. 때로는 이견이 생기더라도 한일 양국은 자주 만나 소통하면서 문제를 해결하고 협력 방안을 찾아 나가야 합니다.

한일관계는 한 쪽이 더 얻으면 다른 쪽이 그만큼 더 잃는 제로섬 관계가 아닙니다. 한일관계는 함께 노력해서 함께 더 많이 얻는 윈-윈 관계가 될 수 있고, 또 반드시 그렇게 되어야 합니다.

하지만 전임 정부는 수렁에 빠진 한일관계를 그대로 방치했습니다. 그 여파로 양국 국민과 재일 동포들이 피해를 입고, 양국의 경제와 안보는 깊은 반목에 빠지고 말았습니다. 저 역시 눈앞의 정치적 이익을 위한 편한 길을 선택해서, 역대 최악의 한일관계를 방치하는 대통령이 될 수도 있었습니다.

하지만 작금의 엄중한 국제정세를 뒤로 하고, 저마저 적대적 민족주의와 반일 감정을 자극해 국내 정치에 활용하려 한다면, 대통령으로서 책무를 저버리는 것이라고 생각했습니다.

이번 방일에 대해 우선 한일 양국의 경제계가 적극 환영하면서 그간 위축된 양국 경제교류가 재개될 것이라는 기대감을 가지기 시작했습니다. 제가 이번에 일본에 가서 만난 재일 동포들도 그간 한일관계 경색으로 겪어온 어려움과 고통을 일거에 털어버릴 기대감에 동포사회가 축제 분위기라고 하였습니다. 저는 우리 정부가 이제 올바른 방향으로 나아가고 있다고 확신합니다.

양국 간 불행한 과거의 아픔을 딛고, 일본과 새로운 지향점을 도출하고자 한 노력은 이번이 처음은 아닙니다. 1965년 박정희 대통령은 한일 간 공동의 이익과 공동의 안전, 그리고 공동의 번영을 모색하는 새로운 시대에 접어들었다고 하면서 한일 국교 정상화를 추진하였습니다. 당시 굴욕적이고 매국적인 외교라는 극렬한 반대 여론이 들끓었지만, 박 대통령은 피해의식과 열등감에 사로잡혀 일본이라면 무조건 겁부터 집어먹는 것이 바로 굴욕적 자세라고 지적했습니다. 그리고 한일 국교 정상화가 어떤 결과로 귀결될지는
우리의 자세와 각오에 달려있다면서 끝내 한일 국교 정상화라는 과업

을 완수했습니다.

박 대통령의 결단 덕분에 삼성, 현대, LG, 포스코와 같은 기업들이 세계적인 경쟁력을 갖춘 기업으로 성장할 수 있었고, 이는 한국경제의 눈부신 발전을 가능케 하는 원동력이 됐습니다.

그 후, 부침을 거듭하던 한일관계의 새로운 지평을 연 것은 1998년 김대중 대통령이었습니다. 김 대통령은 오부치 일본 총리와의 정상회담을 통해 '21세기의 새로운 한·일 파트너십'을 선언했습니다. 김대중 대통령은 일본 방문 연설에서 역사적으로 한국과 일본의 관계가 불행했던 것은 일본이 한국을 침략한 7년간과 식민 지배 35년간이었다고 하면서, 50년도 안 되는 불행한 역사 때문에 1천 5백 년에 걸친 교류와 협력의 역사를 무의미하게 만드는 것은 참으로 어리석은 일이라고 얘기했습니다.

아울러, 김대중 대통령은 1965년 한일 국교 정상화 이후 비약적으로 확대된 양국의 교류와 협력을 통해 필요불가결한 동반자 관계로 발전한 한일관계를 미래지향적인 관계로 만들어나가야 할 때라고 하면서, 양국 정상의 선언이 한일 정부 간의 과거사 인식 문제를 매듭짓고, 평화와 번영을 향한 공동의 미래를 개척하기 위한 초석이 될 것이라고 했습니다.

1965년의 한일기본조약과 한일청구권협정은 한국 정부가 국민의 개인 청구권을 일괄 대리해 일본의 지원금을 수령한다고 되어 있습니다. 이 같은 기조 아래, 역대 정부는 강제징용 피해자분들의 아픔을 치유하고, 합당한 보상이 이루어질 수 있도록 노력해 왔습니다.

1974년 특별법을 제정해서 83,519건에 대해 일본으로부터 받은 청구권 자금 3억 달러의 9.7%에 해당하는 92억 원을, 2007년 또다시 특별법을 제정해서 78,000여 명에 대해 약 6,500억 원을 각각 정부가 재정으로 보상해 드렸습니다. 우리 정부는 1965년 국교 정상화 당시의 합의와 2018년 대법원 판결을 동시에 충족하는 절충안으로 제3자 변제안을 추진하게 된 것입니다.

정부는 강제징용 피해자분들과 유족들의 아픔이 치유될 수 있도록 최선을 다할 것입니다.

우리 사회에는 배타적 민족주의와 반일을 외치면서 정치적 이득을 취하려는 세력이 엄연히 존재합니다.

일본은 이미 수십 차례에 걸쳐 우리에게 과거사 문제에 대해 반성과 사과를 표한 바 있습니다. 이 중 가장 대표적인 것이 일본이 한국 식민 지배를 따로 특정해서 통절한 반성과 마음으로부터의 사과 표명을 한 1998년 '김대중-오부치 선언'과 2010년 '간 나오토 담화'입니다. 이번 한일 회담에서 일본 정부는 '김대중-오부치 선언'을 비롯해 역사 인식에 관한 역대 정부의 입장을 전체적으로 계승하겠다는 입장을 분명히 밝혔습니다.

중국의 총리 저우언라이는 1972년 일본과 발표한 국교 정상화 베이징 공동성명에서 중일 양국 인민의 우호를 위해 일본에 대한 전쟁 배상 요구를 포기한다고 하였습니다. 중국인 30여만 명이 희생된 1937년 난징대학살의 기억을 잊어서가 아닐 것입니다. 당시 저우언라이 총리는 "전쟁 책임은 일부 군국주의 세력에게 있으므로 이들과 일반 국민을 구별해야 한다. 때문에 일반 일본 국민에게 부담을 지워서는 안 되며 더욱이 차세대에게 배상책임의 고통을 부과하고 싶지 않다"고 했습니다.

국민 여러분,

이제는 일본을 당당하고 자신 있게 대해야 합니다. 세계로 뻗어나가 최고의 기술과 경제력을 발산하고, 우리의 디지털 역량과 문화 소프트 파워를 뽐내며, 일본과도 협력하고 선의의 경쟁을 펴야 합니다. 이제 한일 양국 정부는 각자 자신을 돌아보면서 한일관계의 정상화와 발전을 가로막는 걸림돌을 각자 스스로 제거해 나가는 노력을 기울여야 합니다. 한국이 선제적으로 걸림돌을 제거해 나간다면 분명 일본도 호응해 올 것입니다.

저는 이번 1박 2일 방일 중 기시다 총리와 내각을 비롯해서 정계 조야 주요 인사들과 경제계 주요 기업인들을 다수 만났습니다. 모두 양국관계 개선에 따라 안보, 경제, 문화 등 다양한 분야에서 협력의 시너지가 매우 클 것이라고 기대하고 있었습니다. 야당도 기시다 내각의 한일관계 개선을 적극 지원하겠다고 약속 했습니다. 게이오 대학에서 만난 미래세대인 학생들에게서도 한일관계 개선에 대한 기대에 부푼 모습을 보았습니다.

12년 만에 이루어진 이번 방일 정상회담에서 저와 기시다 총리는 그간 얼어붙은 양국관계로 인해 양국 국민들이 직간접적으로 피해를 입었다는 점에 공감하고, 한일관계를 조속히 회복시켜 나가기로 했습니다.

또한 한국과 일본은 자유, 인권, 법치의 보편적 가치를 공유하고, 안보, 경제, 글로벌 어젠다에서 공동의 이익을 추구하는 가장 가까운 이웃이자 협력해야 할 파트너라는 것을 확인했습니다.

양국의 미래를 함께 준비하자는 국민적 공감대에 따라 안보, 경제, 문화 등 다양한 분야에서 협력을 증진시키기 위한 논의를 더욱 가속화할 것입니다.

이를 위해, 외교, 경제 당국 간 전략대화를 비롯해서 양국의 공동 이익을 논의하는 정부 간 협의체들을 조속히 복원할 것이며, NSC 차원의 〈한일 경제안보대화〉도 곧 출범할 것입니다. 우리 대통령실과 일본 총리실 간의 경제안보대화는 핵심기술 협력과 공급망 등 주요 이슈에서
한일 양국의 공동 이익을 증진하고 협력을 강화하는 계기가 될 것입니다.

또한 한일 경제계가 함께 조성하기로 한 '한일 미래 파트너십 기금'은 양국 미래세대의 상호 교류를 활성화하는 데 중요한 가교역할을 할 것입니다.

이번에 일본은 반도체 관련 3개 소재 부품 수출 규제 조치를 해제하고 한국은 WTO 제소를 철회하기로 발표하였습니다. 그리고 상호 화이트리스트의 신속한 원상회복을 위해 긴밀한 대화를 이어나가기로 했습니다. 저는 선제적으로, 우리 측의 일본에 대한 화이트리스트 복

원을 위해 필요한 법적 절차에 착수하도록 오늘 산업부 장관에게 지시할 것입니다.

한일관계의 개선은 우선 반도체 등 첨단산업 분야에서 한국 기업의 뛰어난 제조기술과 일본 기업의 소재, 부품, 장비 경쟁력이 연계되어 안정적인 공급망을 구축하게 될 것입니다. 양국 기업 간 공급망 협력이 가시화되면, 용인에 조성될 예정인 반도체 클러스터에 일본의 기술력 있는 반도체 소부장 업체들을 대거 유치함으로써 세계 최고의 반도체 첨단 혁신기지를 이룰 수 있습니다.

한국과 일본은 세계 1, 2위 LNG 수입 국가입니다. 양국이 '자원 무기화'에 공동 대응한다면 에너지 안보와 가격 안정에 크게 기여할 것입니다. LNG 분야 협력이 심화되면 일본 기업들로부터 LNG 선박 수주도 증가할 것이고, 미래 친환경 선박, 수소환원제철 등에 대한 공동 R&D 프로젝트를 확대 추진함으로써 2050 탄소중립 이행 등 기후변화에도 함께 대응할 수 있습니다.

특히, 한일 양국 간 경제 협력 강화는 양국 기업이 글로벌 수주시장에서 공동 진출할 수 있는 기회를 활짝 열 것입니다.

1997년부터 2021년까지 24년간 한일 양국 기업들이 추진한 해외 공동 사업은 46개 국가에서 121건, 약 270조 원 규모로 추산됩니다. 세계 최고 수준의 제조 건설 설계 역량을 보유한 양국 기업들이 파트너로서 협력한다면,
건설과 에너지 인프라, 스마트시티 프로젝트 등 글로벌 수주시장에서 최고의 경쟁력으로 공동 진출할 수 있습니다.

아울러 일본은 경제 규모 세계 3위의 시장입니다. 한일관계 개선은 한국산 제품 전반의 일본 시장 진출 확대에도 기여할 것입니다. 또한, 양국 간 문화 교류가 활발해지고 일본 국민의 한국 방문이 늘어나면 내수 회복과 지역경제 활성화에도 큰 도움이 될 것입니다.

정부는 경제 분야 기대성과가 가시화되고 우리 국민들께서 체감하실 수 있도록 기업 간 협력과 국민 교류를 적극 지원할 것입니다.

산업, 통상, 과학기술, 금융 외환, 문화, 관광 등 관련 분야에서 양국 장관급 후속 회의를 신속하게 개최하고, 반도체, 바이오 등 핵심 협력 분야 대화 채널 신설, 양자 우주 바이오 공동 지원, 산학협력 실증거점 구축, R&D와 스타트업 공동펀드 조성, 육상과 항공 물류 협력 등을 속도감 있게 진행해 나갈 것입니다.

저와 기시다 총리는 날로 고도화되고 있는 북핵, 미사일 위협에 대응하기 위해 한미일, 한일 안보 공조가 매우 중요하며, 앞으로도 적극 협력해 나가자는 데 의견의 일치를 봤습니다. 지난 목요일 제가 일본으로 떠나기 두 시간 반 전에 북한이 ICBM을 발사했습니다. 저는 한일 간 북핵과 미사일에 관한 완벽한 정보 공유가 시급하다고 판단해서 한일 정상회담에서 전제조건 없이 선제적으로 지소미아를 완전히 정상화할 것을 선언했습니다. 이에 따라 국방부와 외교부에서도 필요한 법적 조치를 시행했습니다. 2019년 한국이 취한 GSOMIA 종료선언과 그 유예로 인한 제도적 불확실성을 이번에 확실하게 제거함으로써 한미일, 한일 군사 정보 협력을 강화하는 발판을 마련했습니다.

또한, 양국의 인태 전략, 즉 한국의 '자유, 평화, 번영의 인도 태평양

전략'과 일본의 '자유롭고 열린 인도 태평양'의 추진 과정에서도 양국이 긴밀히 연대하고 협력해 나가기로 하였습니다. 나아가 동북아 역내 대화와 협력 활성화를 위해 한일중 3국 정상회의 재가동을 위해 함께 노력하기로 했습니다.

앞으로도 한일 두 정상은 형식에 구애받지 않고, 필요하면 수시로 만나는 셔틀 외교를 통해 적극적으로 소통하고 협력해 나갈 것입니다.

이번 순방을 통한 한일 두 나라의 관계 개선 노력이 구체적인 성과와 결실로 이어질 수 있도록 각 부처에서는 협력체계 구축과 아울러 후속 조치에 만전을 기해 주시기를 거듭 당부합니다.

지금 우리는 역사의 새로운 전환점에 서 있습니다. 저는 현명하신 우리 국민을 믿습니다. 한일관계 정상화는 결국 우리 국민에게 새로운 자긍심을 불러일으킬 것이며, 우리 국민과 기업들에게 커다란 혜택으로 보답할 것입니다. 그리고 무엇보다 미래세대 청년들에게 큰 희망과 기회가 될 것이 분명합니다.

정부의 근로시간 유연화 정책과 관련해서 임금, 휴가 등 근로 보상체계에 대해 근로자들이 불안해하지 않도록, 특히 노동시장의 이중구조가 만연한 우리 사회에서 노동 약자들이 불안해하지 않도록 확실한 담보책을 강구할 것입니다. 근로자들의 건강권, 휴식권 보장과 포괄임금제 악용 방지를 통한 정당한 보상에 조금의 의혹과 불안이 있어서는 안 됩니다.

최근, 주당 최대 근로시간에 관해 다소 논란이 있습니다. 저는 주당

60시간 이상의 근무는 건강 보호 차원에서 무리라고 하는 생각은 변함이 없습니다. 물론 이에 대해 근로시간 유연화 정책의 후퇴라는 의견도 있는 것을 알고 있습니다. 그러나 주당 근로시간의 상한을 정해놓지 않으면 현실적으로 노동 약자들의 건강권을 지키기 어렵다고 생각합니다.

우선 근로시간에 관한 노사 합의 구간을 주 단위에서 월, 분기, 반기, 연 단위로 자유롭게 설정하는 것만으로도 노사 양측의 선택권이 넓어지고 노동 수요에 유연하게 대응할 수 있습니다.

우리 사회 노동개혁의 첫째 과제는 누가 뭐라 해도 노사법치의 확립입니다. 산업현장에서 불법과 폭력을 반드시 추방해야 합니다. 이는 이론의 여지가 없습니다.

노동개혁의 또 하나의 과제인 노동시장 유연화는 그 제도의 설계에 있어 국민의 의견을 충분히 청취하고 수집할 것입니다. 고용노동부 등 관련 부처에 세밀한 여론조사 FGI를 시행하고, 제게 그 결과를 보고하도록 지시해 놓았습니다. 특히 MZ근로자, 노조미가입 근로자, 중소기업 근로자 등 노동 약자와 폭넓게 소통하겠습니다. 노동시장 유연화 등 새로운 입법이 필요한 노동개혁 과제에 관해 국민들께서 좋은 의견을 많이 제시해 주시기 바랍니다.

국민을 위한 제도를 만드는데 조급하게 서두르지 않고 충분히 숙의하고 민의를 반영하겠습니다.

감사합니다.

> "대한민국은 자유민주주의 국가입니다.
> 무고한 4·3 희생자들의 넋을 기리고, 그 유가족들의 아픔을
> 국민과 함께 어루만지는 일은 자유와 인권을 지향하는
> 자유민주주의 국가의 당연한 의무입니다."
>
> 2023.4.3. 제75주년 제주 4·3 희생자 추념식

존경하는 국민 여러분,

제주 4.3 생존 희생자와 유가족 여러분, 그리고 제주도민 여러분,

대한민국은 자유민주주의 국가입니다.

무고한 4.3 희생자들의 넋을 기리고, 그 유가족들의 아픔을 국민과 함께 어루만지는 일은 자유와 인권을 지향하는 자유민주주의 국가의 당연한 의무입니다. 정부는 4.3 희생자들과 유가족들의 명예 회복을 위해 최선을 다하고, 생존 희생자들의 고통과 아픔을 잊지 않고 보듬어 나갈 것입니다.

희생자와 유가족을 진정으로 예우하는 길은 자유와 인권이 꽃피는 대한민국을 만들고, 이곳 제주가 보편적 가치, 자유민주주의 정신을 바탕으로 더 큰 번영을 이루는 것입니다. 그 책임이 저와 정부, 그리고 우리 국민에게 있습니다.

저는 제주를 자연, 문화, 그리고 역사와 함께 하는 격조 있는 문화 관광 지역, 청정의 자연과 첨단의 기술이 공존하는 대한민국의 보석 같은 곳으로 탈바꿈시키겠다고 약속드렸습니다. 우리나라뿐 아니라 세계인들이 견문을 넓힐 수 있는 품격 있는 문화 관광 지역으로 거듭날 수 있도록 정부의 지원을 아끼지 않을 것입니다. 지금은 콘텐츠 시대입니다. IT 기업과 반도체 설계기업 등 최고 수준의 디지털 기업이 제주에서 활약하고, 세계의 인재들이 제주로 모여들 수 있도록 적극 지원할 것입니다.

제주 4.3 생존 희생자와 유가족 여러분, 그리고 제주도민 여러분,

무고한 4.3 희생자들의 넋을 국민과 함께 따뜻하게 보듬겠다는 저의 약속은 지금도 변함이 없습니다. 여러분께서 소중히 지켜온 자유와 인권의 가치를 승화시켜 새로운 제주의 미래를 여러분과 함께 열어갈 수 있도록 최선을 다하겠습니다.

희생자들의 안식을 기원하며, 유가족들에게도 깊은 위로의 말씀을 드립니다.

> "자유민주주의는 인쇄 기술이 불러온 신문의 탄생과
> 보편화를 통해 발전하고 성장할 수 있었습니다.
> 정확한 정보를 전달하기 위한 신문인들의 노력은 우리의 헌법
> 정신이자 번영의 토대인 자유민주주의를 지키는 원동력입니다."
>
> 2023.4.6. 제67회 신문의 날 기념 축사

제67회 신문의 날을 진심으로 축하합니다. 작년에 이어 올해도 여러분께 인사드릴 수 있어 기쁘게 생각합니다.

자유민주주의는 인쇄 기술이 불러온 신문의 탄생과 보편화를 통해 발전하고 성장할 수 있었습니다. 정확한 정보를 전달하기 위한 신문인들의 노력은 우리의 헌법 정신이자 번영의 토대인 자유민주주의를 지키는 원동력입니다.

민주주의는 자유와 인권을 보장하기 위한 공동체의 의사결정 시스템입니다. 잘못된 허위정보와 선동은 민주주의를 위협하고, 국민의 의사결정을 왜곡함으로써 선거와 같은 민주주의의 본질적 시스템까지 와해시킵니다. 신문이 정확한 정보의 생산으로 독자들로부터 신뢰받을 때 우리의 민주주의도 더욱 발전할 수 있습니다.

방대한 정보의 확산이 온라인을 타고 빠르게 이뤄지는 미디어 환경의 변화 속에서 신문의 역할은 그 어느 때 보다 중요합니다. 특히, 지식 문명을 선도해 온 신문이 사실에 기반한 정보 생산의 역할과 책임

을 다해야 합니다.

　정부는 신문의 순기능이 유지되고 발전될 수 있도록 신문산업의 진흥을 위한 책무를 다하겠습니다. 다시 한 번 제67회 신문의 날을 축하드리며, 우리 신문의 발전과 여러분의 건승을 기원합니다.

　감사합니다.

> " 4·19혁명 정신은 대한민국 헌법 정신이 되었습니다.
> 우리 정부는 어느 한 사람의 자유도 소홀히 취급되어서는
> 안 된다는 4·19정신이 국정 운영뿐 아니라
> 국민의 삶에도 깊이 스며들게 하겠습니다."
>
> 2023.4.19. 제63주년 4.19혁명 기념사

존경하는 국민 여러분,

4·19혁명 열사와 유가족 여러분!
불굴의 용기로 자유민주주의를 지키고자 분연히 일어섰던 4·19혁명이 63주년을 맞이했습니다.

이곳 4·19민주묘지에는 오백일곱 분의 4·19민주 영령들께서 영면해 계십니다. 자유와 민주주의를 향해 횃불을 높이 들었던 학생과 시민의 위대한 용기와 희생에 경의를 표하며, 머리 숙여 명복을 빕니다. 지난 오랜 시간 가족을 잃은 슬픔을 안고 살아오신 유가족과 부상자 여러분께도 깊은 위로의 말씀을 드립니다.

존경하는 국민 여러분,

불의와 부정에 항거한 국민 혁명은 1960년 2월 28일
대구를 시작으로 대전을 거쳐 3월 15일 마산으로 이어졌고,

마침내 4월 19일 전국으로 확산되었습니다.
꽃다운 젊은 나이의 학생과 시민의 희생으로
대한민국은 '자유의 꽃'을 피우고, 자유를 지키기 위한

민주주의의 초석을 놓을 수 있었습니다.
4·19혁명 정신은 대한민국 헌법 정신이 되었습니다.
우리 정부는 어느 한 사람의 자유도 소홀히 취급되어서는
안 된다는 4·19정신이 국정 운영뿐 아니라 국민의 삶에도
깊이 스며들게 하겠습니다.

그리고 우리의 자유민주주의와 국격을 바로 세운
4 · 19혁명 유공자들을 한 분, 한 분 놓치지 않고 기록하고
후세에 전할 것입니다.

정부는 처음으로 4·19혁명이 전개된 지역 학생들의
학교 기록을 포함하여 현지 조사를 실시하였고, 그 결과
서울, 부산, 대전, 대구, 강원, 전북, 마산 지역에서 주도적 활동을 하
신 서른한 분에게 건국포장을 수여하게 됐습니다.

특히, 부산 지역 4·19혁명을 주도했던 부산고등학교의
열한 분의 공적을 확인하고 포상을 하게 되었습니다.
앞으로 정부는 조국을 위해 용기있게 헌신하신 분들을 찾아 대한민국
국가의 이름으로 끝까지 기억할 것입니다.

존경하는 국민 여러분!

민주주의는 국민의 자유를 지키기 위한 정치적 의사결정 시스템입니다.자유를 지키기 위한 민주주의가 바로 자유민주주의입니다.

독재와 전체주의 체제가 민주주의라는 이름을 쓴다고 해도
이것은 가짜민주주의입니다.

 우리가 피와 땀으로 지켜온 민주주의는 늘 위기와 도전을 받고 있습니다. 독재와 폭력과 돈에 의한 매수로 도전을 받을 수도 있습니다. 그러나 지금 세계는 허위 선동, 가짜뉴스, 협박, 폭력 선동, 이런 것들이 진실과 자유로운 여론 형성에 기반해야 하는 민주적 의사결정 시스템을 왜곡하고 위협하고 있습니다.

민주주의에 대한 위협은 바로 우리의 자유에 대한 위협입니다.
민주주의의 위기는 바로 우리 자유의 위기입니다.
거짓 선동, 날조, 이런 것들로 민주주의를 위협하는 세력들은 독재와 전체주의 편을 들면서도 겉으로는 민주주의 운동가, 인권 운동가 행세를 하는 경우를 세계 곳곳에서 저희는 많이 봐 왔습니다.
이러한 거짓과 위장에 절대 속아서는 안 됩니다.
4·19혁명 열사가 피로써 지켜낸 자유와 민주주의가
사기꾼에 농락당해서는 절대 안 되는 것입니다.

오늘 우리는 4·19혁명 열사를 추모하고 이분들에게 감사를 표하기 위해 이 자리에 함께 섰습니다.

아울러 우리는 혁명 열사의 뒤를 따라 어떠한 희생을 치르더라도
자유민주주의를 확고히 지켜내겠다는 결의를 가지고
함께 모인 것입니다.
뜻 깊은 역사적 자리에 다시 한번 혁명 열사와
유가족분들께 감사 말씀을 올립니다.

감사합니다.

> **"대한민국은 미국과 함께 세계시민의 자유를 지키고 확장하는
> '자유의 나침반' 역할을 해나갈 것입니다"**
>
> 2023.4.27. 한미동맹 70주년 기념 미국 상하원 합동회의 연설

자유의 동맹, 행동하는 동맹

Alliance of Freedom, Alliance in Action

존경하는 하원의장님, 부통령님,
상하원 의원 여러분과 내외 귀빈 여러분, 미국 시민 여러분,

"자유 속에 잉태된 나라,
인간은 모두 평등하게 창조되었다는 신념에 의해 세워진 나라."

저는 지금 자유에 대한 확신, 동맹에 대한 신뢰, 새로운 미래를 열고
자 하는 결의를 갖고 미국 국민 앞에 서 있습니다.

(중략)

올해로 70주년을 맞이한 한미동맹을 축하해야 할 이유는 너무나 많습니다. 처음부터 성공한다는 보장은 없었습니다. 하지만 오늘날 우리의 동맹은 어느 때 보다 강력하며, 함께 번영해 나가고 있습니다. 그리고 우리 두 나라는 그 누구보다도 서로 긴밀하게 연결되어 있습니다. 한미동맹은 대한민국의 자유와 평화를 지키고 번영을 일구어 온 중심축이었습니다. 현대 세계사에서 '도움을 받는 나라에서 도움을 주는 나라'로 발돋움한 유일한 사례인 대한민국은 한미동맹의 성공 그 자체입니다.

(중략)

대한민국은 이제 자유와 민주주의가 살아 숨 쉬는 활력 넘치는 나라로 세계시민의 사랑을 받고 있습니다. 한미 양국은 한반도를 넘어 전 세계의 자유와 민주주의 수호를 위해 힘을 모아왔습니다. 대한민국은 2차 대전 후 아프간, 이라크 등지에 '자유의 전사'를 파견하여 미국과 함께 싸웠습니다.

지난 70년간 동맹의 역사에서 한미 양국은 군사 안보 협력뿐 아니라 경제 협력도 지속적으로 확대해 왔습니다. 초기의 일방적인 지원에서 상호 호혜적인 협력관계로 발전해 온 것입니다.

(중략)

70여 년 전 대한민국의 자유를 위해 맺어진 한미동맹은 이제 세계의 자유와 평화를 지키는 글로벌 동맹으로 발전했습니다. 대한민국은 국제사회에서 대한민국의 신장된 경제적 역량에 걸맞은 책임과 기여를 다할 것입니다.

케네디 대통령은 1961년 취임식에서 "세계시민 여러분, 우리가 여러분을 위해 무엇을 해줄 것인가를 묻지 마십시오. 인류의 자유를 위해 우리가 힘을 모아 무엇을 할 수 있을지를 물으십시오."라고 말했습니다. 이제 인류의 자유를 위해 대한민국이 국제사회와 힘을 모아 해야 할 일을 반드시 할 것입니다.

대한민국은 미국과 함께 미래로 나아갈 것입니다.

저는 지난해 취임하면서 대한민국을 자유민주주의와 시장경제를 기반으로 국민이 주인인 나라로 만들고 국제사회의 당당한 일원으로서 역할과 책임을 다하는 존경받는 나라, 자랑스러운 조국으로 만들어 가겠다는 소명을 밝혔습니다. 대한민국은 미국과 함께 세계시민의 자유를 지키고 확장하는 '자유의 나침반' 역할을 해나갈 것입니다.

(중략)

한미동맹은 자유, 인권, 민주주의라는 보편적 가치로 맺어진 가치 동맹입니다. 우리의 동맹은 정의롭습니다. 우리의 동맹은 평화의 동맹입니다. 우리의 동맹은 번영의 동맹입니다. 우리의 동맹은 미래를 향해 계속 전진할 것입니다. 우리가 함께 만들어나갈 세계는 미래 세대들에게 무한한 기회를 안겨줄 것입니다. 여러분께서도 새로운 여정에 함께 해주시길 당부합니다.

(하략)

> "자랑스러운 국민 여러분, 그리고 재외동포 여러분,
> 지금 세계는 우리 대한민국을 주목하고 있습니다.
> 우리나라는 자유, 인권, 법치의 보편적 가치를 기반으로
> 국제 사회의 주요 일원으로 당당히 자리매김하고 있고,
> 대한민국의 정의롭고 책임있는 리더십은
> 국제사회에서 많은 지지를 받고 있습니다."
>
> 2022.6.5. 재외동포청 출범식 기념사

자랑스러운 750만 재외동포 여러분, 그리고 내외 귀빈 여러분,
정부 출범 이후 역점을 두고 추진해 온 재외동포청이 마침내 오늘 출범합니다.

지난 대선에서 저는 전 세계 재외동포를 대상으로 하는 전담 기구인 재외동포청을 설치하겠다고 국민께 약속을 드렸습니다. 그 약속을 이제 지킬 수 있게 되어 매우 기쁩니다.

이곳 인천은 120년 전 하와이로 향하는 이민선이 출발했던 재외동포의 뿌리라고 하겠습니다. 재외동포의 역사가 시작된 이곳 인천에서 재외동포청의 출범을 알리게 되어 감회가 새롭습니다. 인천이 재외동포청 유치를 계기로 더욱 활기찬 국제도시로 도약할 것입니다.

저는 선거 과정에서, 그리고 취임 후 해외 순방 때마다 우리 동포 여러분을 뵙고 동포사회의 목소리를 경청해왔습니다. 우리 재외동포 여

러분들은 모국과 동포사회가 함께 성장할 기회의 창구를 간절히 원하고 계십니다.

이제 대한민국은 그 기대에 부응하고자 합니다. 오늘 출범하는 재외동포청은 높아진 우리나라의 위상과 국격에 걸맞는 재외동포 전담 기구입니다. 앞으로 재외동포청은 재외동포들을 보호하고 지원하는 것은 물론, 재외동포와 모국 간 교류 협력을 촉진하는 연결고리와 역할을 수행할 것입니다.

부존자원이 부족한 한국의 미래는 해외 진출에 달려있습니다. 강인한 도전 정신으로 어려운 여건을 극복하고 해외에 자리잡으신 동포 여러분은 세계로 뻗어가는 대한민국의 소중한 역외 네트워크입니다. 750만 한인 네트워크가 서로 촘촘하게 연결되어 필요한 정보와 경험을 공유하게 되면 재외동포와 대한민국이 함께 성장하고 발전할 것입니다.

사랑하는 동포 여러분,
저는 지난달 일본 히로시마에서 한국인 원폭 피해자 동포를 만나 뵀습니다. 피폭 당한지 78년의 세월이 흐르는 동안 이분들이 고통과 슬픔을 겪는 현장을 조국이 함께하지 못했습니다. 저는 조만간 원폭 피해 동포들을 초청해 조금이나마 위안을 드리고자 합니다. 전 세계에 어디에 계시든 우리 동포의 아픔을 보듬는 것이 국가의 책무라고 생각합니다. 재외동포청은 해외에 계신 우리 동포들을 더욱 꼼꼼하게 살필 것입니다.

존경하는 동포 여러분,

차세대 재외동포들이 한국인으로서의 정체성을 지켜주고 모국과의 인연을 이어가는 것은 재외동포청이 수행해야 될 필수적인 임무입니다. 한국에서 나고 자라지 않은 2세, 3세 동포들에게도 모국이 관심을 기울여야 합니다. 이들이 한국인의 자부심을 갖고 정체성을 계승할 수 있도록 우수한 한국어 교육을 제공하고 한국을 방문하여 체험할 수 있는 프로그램을 제공할 것입니다.

해외에서 한국인의 정체성을 힘겹게 지켜온 재일동포, 중앙아시아의 고려인과 사할린 동포, 그리고 대한민국 경제 근대화의 초석이 된 파독 광부 간호사분들 역시 소외되지 않도록 세심하게 보살피겠습니다. 다문화 가정 동포, 해외 입양 동포, 또 국내 체류 동포와 같이 전담 기구의 부재로 정책의 사각지대에 놓여있던 동포들도 적극적으로 포용될 것입니다.

자랑스러운 국민 여러분, 그리고 재외동포 여러분,
지금 세계는 우리 대한민국을 주목하고 있습니다. 우리나라는 자유, 인권, 법치의 보편적 가치를 기반으로 국제 사회의 주요 일원으로 당당히 자리매김하고 있고, 대한민국의 정의롭고 책임 있는 리더십은 국제 사회에서 많은 지지를 받고 있습니다. 대한민국의 새로운 도약을 위해 우리 재외동포 여러분께서도 세계 곳곳에서 소중한 역할을 다해주실 것으로 기대합니다.

재외동포청은 자랑스러운 750만 재외동포들의 든든한 울타리가 될 것입니다.

자유와 연대
Freedom and Solidarity
- 윤 정부가 가는 길

초판 1쇄 인쇄 2024년 1월 12일
초판 1쇄 발행 2024년 1월 19일

지 은 이   하종대
펴 낸 곳   글 통
발 행   홍기표
디 자 인   KSR&Com 디자인팀
인 쇄   정우인쇄
출판등록   2011년 4월 4일(제319-2011-18호)
팩 스   02-6003-0276
facebook.com/geultong
e메일 geultong@daum.net

ISBN 979-11-85032-89-4

값 20,000원

*살못된 책은 서점에서 바꿔 드립니다.